MBTI 유형별
스트레스
해소법

MBTI의 부기능과 열등기능

MBTI
유형별
스트레스
해소법

윤서영 지음

커리어북스
CAREER BOOKS

인생은 늘 고민거리를 안겨준다. '어떻게 경제활동을 할 것인가?', '어떻게 성장할 것인가?', '어떻게 나아갈 것인가?' 이런 고민을 30대가 지나고 40대가 되면 아니 50대가 되어서 끝날 것 같지만 실상은 그렇지 못하다. 삶은 고민의 연속이다. 인생의 치열함은 40대 중반인 나의 살아온 과정을 말하지 않아도 현재를 치열하게 사는 독자들이 더 잘 알거라 생각한다.

그래서 우린 불행히도 생애 전반이 스트레스에 노출되어 있다. 그러나 또 이런 생각도 든다. 어떤 도전도 하지 않는 인생이 의미가 있을까? 아무것도 하지 않고, 하루하루를 산다 한들 행복할까? 그래서 누군가는 말한다. 스트레스는 받는 것보다 풀어내는 것이 더 중요하다고…. 심리학에서는 나를 힘들게 하는 그 일에 집중하지 말고 '지금, 여기'를 즐기라고 한다. 모든 것을 가볍게 생각하는 것이 정신건강에 좋다고도 한다. 힘들게 하는 그 일에서 나를 떠나보내라고 한다. 그러나 그것이 말처럼 쉬운가 말이다.

자기 성향을 아는 것이 스트레스 해소의 시발점

스트레스로 악명높은 고객센터에서 내가 13년을 근무할 수 있었던 가장 큰 원동력은 '긍정'이었다. 《MBTI 유형별 유튜브 콘텐츠 컨설턴트》에서 언급했듯이 나는 ENFP이다. ENFP의 초긍정 마인드로 힘들어하는 동료까지 다독이며 회사 생활을 했다. 초긍정은 고객에게도 전달되었는지 고객만족이 거의 100점이었다. 그렇게 승진이 시작되고, 승진할 때마다 새로운 일을 배우는 것이 같은 일의 반복을 싫어하는 ENFP의 특성에 딱 맞았다. 회사가 지겨워질 즈음 새로운 일이 내게 왔고, 그 일을 잘 해내려고 노력하다 보니 또 승진되었다.

성격은 비슷한 상황에서 동일한 패턴을 보이는 행동양식이다. 우리는 같은 상황에서 얼추 비슷한 행동을 반복한다는 것을 알아야 한다. 비슷한 상황에서 스트레스받고, 비슷한 상황에서 스트레스 해소가 가능하다는 것이다. 결국 나의 성향을 아는 것이 스트레스 해소의 시발점이다. 늘 비슷하게 살아왔는데, 아직도 나의 성향을 알아차리지 못했다면 나에 대해 깊이 생각할 시간이 필요하다. 《내 마음의 고요함, 감정노동의 지혜》 책에서는 에니어그램으로 개인 성향에 따른 스트레스 해소법을 다루었다면, 이번 책에서는 MBTI 성격검사로 성향을 풀어가려고 한다. 이 책이 독자에게 자신을 깊게 알아차리는 데 도움이 되었으면 하는 바람이다.

PART
1

MBTI
성격유형

MBTI
성격유형

MBTI에 과몰입하지 말자

최근 '지금 한국은 MBTI에 과몰입되어 있다'라는 말이 미디어를 통해 심심치 않게 나오고 있다. 성격유형은 자기이해를 돕기 위한 수단이어야지, 자기 생각이나 행동을 성격의 틀에 가두어서는 안 된다.

필자는 MZ세대가 상대의 MBTI를 묻는 행동을 멈춰야 한다고 생각한다. 나는 MBTI에서 자유로워지고 싶은데, 오히려 상대방이 상대의 틀에 나를 가두는 위험한 행동이기 때문이다. 처음 만난 상대가 MBTI를 묻는다면, '저는 아직 관심이 없어서요' 등 밝히지 않는 것도 한 방법일 수 있다. 세련된 자기방어의 다른 방법을 생각해 보자!

대학교 1학년 때의 일이다. '가족 상담'이라는 전공과목으로 교수님과 같은 과 친구들이 버스를 대여해서 서울의 가족상담실을 찾았다. MBTI를 검사하고 성격유형을 나누는데, 30여 명의 학생 중 ENFP는 나뿐이었다. 유형별로 그룹을 나누어 무언가를 적고 발표했는데, 나는 혼자 적고 혼자 발표했다. 토론 주제와 발표 내용은 기억나지 않는데, 발표 후 상담사가 했던 말만 선명히 기억 속에 있다.

> **상담사** 여러분! 마이크 놓고 가는 거 봐요. 이 성격유형이 이래요. 여기에 놓으면 마이크가 떨어지겠죠? 꼼꼼하게 보지 못하는 거지!

너무 당황스러웠다. 내가 이상한 성격이라는 걸까? 안타깝게도 그 이외에 다른 것은 내 장기기억에 저장되지 못했다.

좋은 성격, 나쁜 성격은 없다. 다만, 나의 성격(성향)이 그러한 방식을 선호하는 것이다. 내가 선호하는 체계를 파악하고 그것의 장단점을 안다면 인생을 좀 더 편안하게 즐길 수 있다. 성격검사는 내가 편안하기 위해 찾아가는 지름길과 같다. 내가 선호하는 것과 회피하기 때문에 보완이 필요한 것을 찾아주기 때문이다. 말 그대로 보조자의 역할이지 그 안에 나를 가두어서는 안 된다.

MBTI 시리즈 전반에 이와 비슷한 내용을 각각 적었다. 20대 초반에 첫 상담사의 말 한마디로 나는 트라우마가 생겼다. 직업도 아이러니하게 강사를 하게 되어 마이크를 자주 만지는데, 마이크를 내려놓을 때마다 떨어지지 않는지 두세 번 확인하는 강박이 생긴 것이다. 이 것이 이번 책의 프롤로그를 오랜 시간 완성하지 못한 이유이다. 이 책이 누군가에게 트라우마로 작용하지 않길 바란다. 내가 가는 길의 길라잡이로 사용할 뿐, 나를 가두는 틀이 되어서는 안 된다는 것을 잊지 않았으면 하는 마음이다.

MBTI 성격 유형

성격이란, 각 개인이 가진 남과 다른 자기만의 행동양식으로 90% 이상이 유전이다. 성격 급한 집안에서 성격 급한 사람이 나오고, 부모님의 싫었던 언행이 자란 뒤 내게 나타나기도 한다. 부정하고 싶지만, 성격의 90%는 나의 의지대로 형성된 것이 아님은 부인할 수 없다. 성격의 유전을 관찰자 처지에서 볼 수 있는 시기가 명절이다. 집안 어르신들과 가족이 다 모이면 대체로 비슷한 성향을 보인다. 일상에서 무심하게 넘어가던 것이 관찰자의 관점에서 더 도드라지게 보일 수 있는 환경이 만들어지는 셈이다.

이렇게 우리는 비슷한 상황에서 비슷한 언행을 보인다. 물론 환경에 따라 성격은 변하기도 한다. 직업이 무엇인지에 따라 MBTI가 변하는 것은 이 때문이다. 그러나 기본적인 성향까지 바뀌는 것은 힘들다고 보는 것이 맞다.

MBTI(Myers-Briggs Type Indicator)는 마이어스-브릭스 유형 지

표로 심리학자 카를 구스타프 융(Carl Gustav Jung)의 분석심리학을 모델로 1944년 개발한 자기 보고형 성격검사이다. 두 개의 태도 지표(외향-내향, 판단-인식)와 두 개의 기능 지표(감각-직관, 사고-감정)에 대한 개인의 선호도를 밝혀 사람의 성격을 16가지 유형으로 분류한다. MBTI는 실제 심리상담 현장에서 가장 많이 사용하는 객관적인 성격검사이다.

외향(S)과 내향(I)

외향과 내향을 구분 짓는 것은 '에너지의 방향'과 '주의 초점', '태도'의 차이다. 외향(N)은 에너지의 방향과 주의 초점이 자기 외부이며, 태도는 적극적이고 활달하면서 정열적이다. 자신의 감정이나 생각을 말이나 행동인 자기 외부로 표현해 타인이 잘 알게 한다. 이런 적극적인 태도는 타인과의 교류에 적합해 대인관계가 원만하고 그들과 함께 나누는 것을 즐긴다. 넘치는 에너지는 여러 사람과 동시에 대화할 수 있게 하며, 먼저 행동하고 후에 생각하는 경향이 있다. 반면 내향(I)은 주의 집중이 자기 내부로 향한다. 자기 공간에서 조용하고 신중하게 먼저 생각하고 이를 글로 정리하거나 표현한 후에 행동하는 것을 선호한다. 1:1의 대화로 깊이 있는 소수와의 대인관계를 선호한다. 내부 활동에 집중하는 비축에 의한 에너지 충전을 한다.

감각(S)과 직관(N)

감각과 직관은 정보를 수집하는 인식기능의 차이를 의미한다. 쉽게 말해 감각은 오감으로 정보를 수집하고 직관은 육감으로 정보를 수집한다. 감각(S)은 지금 느끼는 감각을 통해 인지하는 것을 즐기므로 '지금 여기(Here and Now)'에 초점이 맞추어져 있다. 이는 실제 경험을 중시하고 현실을 수용하며, 사실적이고 구체적으로 실태를 파악하게 한다. 이런 점은 늘 한결같은 일관성을 유지하며 정확한 일 처리가 가능하게 하지만 숲이 아닌 나무만 보는 경향을 보인다. 직관(N)은 육감을 통해 미래와 가능성에 대해 열려있는 자세를 유지하게 한다. 이는 변화와 다양성을 받아들이고 새로운 시도를 긍정적으로 수용하게 한다. 이것은 다양한 아이디어와 상상하는 일을 가능하게 하며 숲을 보는 시각을 가지게 한다.

사고(T)와 감정(F)

감각(S)과 직관(N)으로 정보를 수집하고 인식한 내용을 토대로 의사결정을 판단하는 것이 사고와 감정이다. 사고형(T)은 사실(Fact)을 기반으로 객관적인 판단을 선호하며, 논리적이고 분석적이다. 원인과 결과, 규범과 기준을 중시하며 원리와 원칙에 기반해 움직인다. 감정형(F)은 관심의 주제가 사람과, 관계에서 오는 감정이 주가 된다. 주관적 판단을 중시하며 나에게 주는 의미, 영향 등 상황적이고 포괄적인 내용으로 해석한다. 보편적인 선을 중시하며 '좋다', '나쁘다'라는 것으로 나누는 판단을 중요하게 생각한다. 의미와 영향에 대해 늘 고민하며, 우호적인 협조가 가능하다.

판단(J)과 인식(P)

판단과 인식은 외부 세계에 대처하는 양식 즉, 생활양식을 의미한다. 생활양식이라는 표현이 좀 낯설 수도 있는데, 평소 생활하는 방식이라고 생각해도 좋다. 판단형(J)은 생활 전반에 걸쳐 체계적인 것을 선호한다. 목적의식이 분명하며, 정리·정돈하고 계획을 짠다. 뚜렷한 기준과 자기 의사가 있으며 방향감각이 분명하다. 신속하게 결론을 내어 통제와 조정이 가능한 상태를 선호한다. 반면, 인식형(P)은 자율적으로 상황에 맞추는 개방성이 있다. 중간에 목적과 방향이 변화되는 것에 융통성과 적응력이 뛰어나다. 이는 결론보다는 과정을 즐기기 때문이기도 하다. 이러한 이해로 수용하는 자세가 인식형의 가장 큰 특징이기도 하다. 대체로 모든 일에 대해 이해로 수용하며, 신속함보다 유유자적하는 과정을 즐기는 경향이 있다.

MBTI 성격유형

외향형 ·· Extraversion

'에너지 방향', '주의 초점'이 자기 외부로 향한
다. 외부 활동에 적극적, 정열적, 활동적이다.
자기 생각을 말로 타인에게 쉽게 알린다.

감각형 ·· Sensing

오감을 이용한 실제 경험을 선호하며, 현실을
수용하고 실태 파악이 빠르다. 일 처리가 정
확하고 철저하며 관례를 따른다.

사고형 ·· Thinking

의사결정 판단을 사실에 근거하며 논리적이
고 분석적이다. 객관적 판단을 선호하며 원인
과 결과, 규범과 기준을 중시한다.

판단형 ·· Judging

생활양식이 체계적이며, 정리 정돈을 잘하고,
계획적이다. 신속한 결론으로 통제와 조정할
수 있게 한다. 목적이 분명한 것을 선호한다.

내향형 ···································· Introversion

'에너지 방향', '주의 초점'이 자기 내부로 향한
다. 생각을 글로 표현하며, 깊이 있는 대인관
계, 자기 공간, 내부 활동의 집중을 선호한다.

직관형 ···································· iNtuition

육감에 '주의 초점'을 맞추며, 미래지향적이
고 가능성을 살핀다. 창의력으로 아이디어가
풍부하며, 신속한 일 처리를 선호한다.

감정형 ···································· Feeling

의사결정을 사람과 관계로 판단한다. 주관적
판단을 중시하며, 상황적이며 포괄적이다. 보
편적인 선을 중시하고 우호적으로 협조한다.

인식형 ···································· Perceiving

생활양식이 자유롭고 개방적인 것을 선호한
다. 목적과 방향의 변화를 수용하는 융통성이
있으며 적응이 빠르다. 과정을 즐긴다.

MBTI
주기능, 부기능, 3차기능, 열등기능

성격의 성장과 퇴행

나는 나다. 성격은 쉽게 변하지 않는다. 그런데 간혹 급격한 스트레스 상황에서 나 같지 않은 내가 튀어나온다. 평소에는 과묵한 나인데, 갑자기 흥분해서 마음에도 없는 말을 쏟아낸다든지, 다정하고 사랑스러운 성향의 내가 갑자기 공격적으로 변한다든지 하는 일은 한 번쯤 겪어봤을 것이다. 당시 변한 모습의 나는 누구일까? 진짜 내가 아니라면 성격이 변한 것일까? 이러한 당황스러움을 겪지 않기 위해서 나에 대한 깊은 이해와 성찰이 필요하다.

에니어그램은 1~9번까지 자기 성격유형의 번호가 있다. 각 번호는 해당 성격의 특징을 가지지만 성장하거나 퇴행할 때는 다른 방향으로 이동해 다른 번호의 성향이 나타난다.

MBTI 성격검사에서는 스트레스 상황에서 주기능을 과하게 사용하는 과부하가 일어나고, 평소 사용하지 않는 열등기능이 표출되는 것으로 퇴행을 설명한다.

MBTI 유형별 인식기능(S or N)과 판단기능(T or F) 중 하나가 주기능이며 남은 하나는 부기능이다. 주기능의 반대기능이 열등기능이고, 부기능의 반대기능이 3차기능이다. 주기능, 부기능, 3차기능, 열등기능 각각의 정의를 살펴보면 다음과 같다.

① 주기능 : 의식적으로 자신이 가장 선호해서 가장 많이 사용하는 기능을 의미하며, 이는 개인 성격의 핵심이 된다.
② 부기능 : 주기능을 보완하는 상보적 역할을 하며 두 번째로 익숙하다.
③ 3차기능 : 무의식인 열등기능과 의식인 주기능, 부기능을 연결해 준다.
④ 열등기능 : 무의식 차원의 덜 발달된 기능이다.

스트레스 상황에서 과부하가 일어난 주기능을 잠시 내려놓고 두 번째로 익숙한 부기능을 사용함으로써 스트레스 상황을 벗어난다. 또한 열등기능의 표출을 알아차림으로써 새로운 통찰과 깨달음으로 한 걸음 더 성장하게 된다.

주기능, 부기능, 3차기능, 열등기능은 자기 심리의 위계질서를 보여준다고 해서 'MBTI 유형의 심리위계'라 하며, 〈표 1〉과 같다.

MBTI의 심리기능

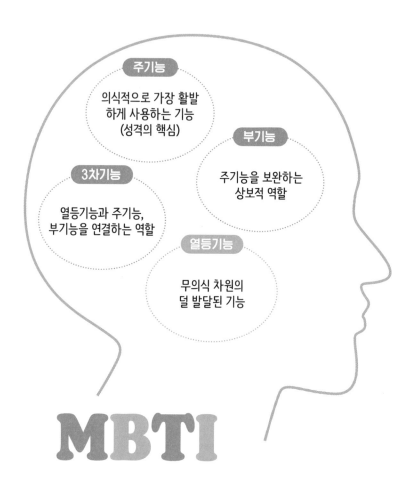

주기능
의식적으로 가장 활발
하게 사용하는 기능
(성격의 핵심)

부기능
주기능을 보완하는
상보적 역할

3차기능
열등기능과 주기능,
부기능을 연결하는 역할

열등기능
무의식 차원의
덜 발달된 기능

MBTI

유형	주기능	부기능	3차 기능	열등 기능	유형	주기능	부기능	3차 기능	열등 기능
ESTP	S(e)	T(i)	F	N(i)	ESTJ	T(e)	S(i)	N	F(i)
ISTP	T(i)	S(e)	N	F(e)	ISTJ	S(i)	T(e)	F	N(e)
ESFP	S(e)	F(i)	T	N(i)	ESFJ	F(e)	S(i)	N	T(i)
ISFP	F(i)	S(e)	N	T(e)	ISFJ	S(i)	F(e)	T	N(e)
ENFJ	F(e)	N(i)	S	T(i)	ENTJ	T(e)	N(i)	S	F(i)
INFJ	N(i)	F(e)	T	S(e)	INTJ	N(i)	T(e)	F	S(e)
ENFP	N(e)	F(i)	T	S(i)	ENTP	N(e)	T(i)	F	S(i)
INFP	F(i)	N(e)	S	T(e)	INTP	T(i)	N(e)	S	F(e)

　　주기능은 쉽게 말해 자기 심리의 대장이다. 심리학자 칼 융은 심리위계는 개인의 성장순서와 같다고 했다. 주기능이 성장한 후 부기능, 3차기능, 열등기능의 순으로 성장한다는 의미이다. 주 순서는 필자도 칼 융의 주장이 옳다고 생각한다. 주기능을 가장 많이 사용하니 다른 기능보다 성장이 빠른 것은 당연하다. 그러나 부기능까지 성장해야 3차 기능, 열등기능이 성장한다는 의견에는 동의하기 어렵다.

　　이 책의 전반에는 스트레스 상황에 표출되는 열등기능에 관해 기술하고 있다. 20대가 지나 3~40대 그리고 중년이 되며 자신의 열등기능은 굳이 책을 읽지 않아도 알게 된다. 예민하고 민감할 때의 내가 어떤 모습인지 자기 성찰하며 부기능을 연마해 건강하게 열등기능이 변화되도록 노력할 수 있다. 열등기능도 이 책에서 제시하는 부기능의 사용법처럼 건강하게 사용하려고 노력한다면 다른 기능의 성장과 함께할 수 있을 것이다.

PART

2

스트레스 반응

스트레스
vs 직무 스트레스

스트레스란, 외부의 공격이나 위협에 대항해 자기 신체와 심리를 보호하려는 변화 과정에서 일어나는 비특이적 생물 반응을 통칭한다. 인류의 진화 과정에서 과거에 목숨이 위태롭거나 맹수를 만났을 때의 급박한 상황에서 신체의 긴박한 움직임을 요구하면서 스트레스 반응도 진화되어 왔다.

그러나 목숨이 위태로울 정도의 긴박한 상황에 노출되기 힘든 현대사회에서 부모나 선생님, 상사의 꾸지람이나 시험낙방과 같이 주변 사람이나 자기 욕망의 실현이 불가능해졌을 때 우리의 몸은 스트레스 반응을 보인다.

스트레스 호르몬

스트레스 호르몬이라고 불리는 코르티솔(Cortisol, 코티졸이라고도 함)은 부신피질에서 생성된다. 체내에서 당 생산을 통해 혈당을 증가시키고, 면역 시스템을 저하시키며, 탄수화물, 단백질, 지방의 대사를 촉진하는 역할을 한다. 앞서 언급했듯이 신체적 반응이 목숨이 위태로운 상황처럼 최상이 되도록 신체를 변화시키는 것이다. 코르티솔의 혈중농도가 높아지면 기억을 담당하는 해마의 기능 활성화도 위축시킨다는 연구 결과도 있다. 이런 이유로 종종 심각한 수준의 스트레스 상황을 정확하게 기억하지 못하는 경우가 발생하기도 한다.

스트레스 호르몬이 지금 당장 몸을 아프게 만드는 것이 아니니 중요하지 않게 생각할 수도 있다. 한 연구에서 엄마가 아이를 혼내고 잠들기 전에 혈액의 코르티솔 농도를 조사했다. 밤사이 자고 일어나 조사한 아침의 혈액에서도 코르티솔 농도가 여전히 높았다.

스트레스 호르몬은 우리가 상상하는 것보다 신체에 오랜 시간 영향을 미친다. 현대인의 건강관리 권장 사항에 '스트레스 관리'가 있는 것은 이러한 이유 때문이다. 스트레스 호르몬이 과다하게 신체에 영향을 미치는 경우 우울증, 위산 과다분비, 소화불량, 불면증 등의 증상이 나타나며, 심한 경우 자기통제의 상실로 인해 자살로 이어지기도 한다. 이외에도 많은 연구자가 암과 같은 심각한 질병의 원인 중하나로 스트레스를 꼽는다.

직무 스트레스_감정노동

현대인에게 가장 해로운 것이 스트레스라는 말이 있을 정도로 인체에 독이 되는 것을 알고 있지만, 스트레스는 우리 곁에 늘 함께한다. 직장인이라면 이 말에 100% 공감할 것이다. 스트레스 없는 직장은 없다. 다만 스트레스가 적거나 더 많을 수는 있을 것이다.

우리나라는 직무 스트레스 중 일부를 감정노동으로 정의하고 있다. 감정노동은 사회학자 러셀 혹실드가 처음으로 정의한 용어로 자신의 진짜 감정과 다른 감정을 표현해야 하는 상황이 업무의 40% 이상이면 감정노동자라 부른다. 현재 법적으로 보호받는 감정노동자는 '고객응대 근로자'가 대부분이다. 앞으로 선진국으로 발전할 한국의 노동계에 변화를 요구하는 부분이기도 하다. 실제로 '경비원의 자살 사건'으로 감정노동자에 '경비원'을 추가했다. 선진국은 감정노동을 '직무 스트레스'로 통합해 모든 직업에 적용하고 있다(모든 직업에서 감정노동이 발생한다, 윤서영).

한 연구에서 감정노동이 높은 직업군(5.0 만점)에 장례지도사(4.49), 아나운서(4.46), 마술사(4.39), 응급구조사(4.34), 사회복지사(4.16), 치과의사(4.16), 경찰관(4.15), 연예인(4.13), 약사(4.11) 등을 언급했다(KRIVET Issue Brief, 2013). 감정노동자로 알려진 항공기 승무원이 4.70, 고객 상담원이 4.38인 것을 고려하면 감정노동이 서비스직에 국한된 것이 아님을 알 수 있다. 이용자의 상황이 응급하거나 스트레스 지수가 높은 상황에 노출된 직업이 많다는 것은 주목할 만하다.

일본에서는 직무 스트레스로 인해 발생하는 정신장애에 관한 연구를 진행했다. 직무 스트레스로 인한 산업재해로 인정된 정신장애 6가지는 주요우울장애(우울증), 적응장애, 외상 후 스트레스 장애, 급성 스트레스 장애(1개월 이상이면 외상 후 스트레스 장애), 불안장애, 공황장애이다(감정노동으로 인한 업무상 질병 인정범위 및 기준에 관한 연구, 고용노동부).

선진국은 업무강도가 인정되고 정신장애 진단이 있으면 산업재해로 인정된다. 앞으로 우리나라도 노동자의 정신건강이 산업재해로 쉽게 인정받을 수 있도록 많은 변화가 필요하다.

스트레스 해소법

직무 스트레스든 개인적인 스트레스든 건강하게 해소할 방법이 있을까? 이것은 개인마다 다르다. 누군가는 힐링되는 것이 누군가에게는 스트레스가 될 수 있다. 인간의 성향은 개개인이 모두 다르다. 필자는 스트레스 해소에 대한 기업강의를 10여 년 넘게 했다. 난타나 신문지 찢기처럼 몸을 과격하게 움직이는 방법, 마음을 정화하는 명상, 내 마음속 깊이 있는 이야기를 나누는 빈 의자 기법, 모든 사람에게 칭찬받는 맑은 물 붓기 등 다양한 방법을 진행해 봤지만, 정답은 없다. 늘 개인차가 있어 누군가는 만족해도 누군가는 그렇지 못하다.

여기에서 중요한 것은 내 마음은 내 것이라는 점이다. 스트레스 해소 강의하다 보면 윗사람이 가라 해서 참여한 사람의 대부분은 이것을 잊는다. 내 스트레스를 없애보란 눈빛으로 쳐다보는 이도 있다. 그래서 강의 초반에 늘 질문한다. '여러분! 내 마음은 누구 것이죠?' 이 질문에 경계의 눈빛을 조금 거두고 대답한다. '내 거죠!'

안다. 내 마음은 내 것이기에 마음대로 할 수 있을 것 같지만 마음대로 되지 않아 답답하다는 것을…. 무엇이 문제인지 알 수 없다. 나를 아는 것이 스트레스 해소의 시발점이라고 하는 것은 이 때문이다. 몸과 마음은 하나인 것 같지만 마음은 시간과 공을 들여 가만히 그리고 정성스럽게 들여다보지 않으면 알 수 없다.

이 책에서는 내가 무엇을 선호하는지, 그래서 무엇을 원하는지 MBTI 성격유형을 통해 알아보려고 한다. 앞서 MBTI 유형의 틀에 나를 가두지 말 것을 권했다. 그러나 MBTI 유형을 통해 나의 주기능, 부기능, 3차기능, 열등기능을 알아차릴 수 있다면 MBTI 유형은 더 이상 나를 가두는 틀이 아닌 나를 돕는 기능으로 변화할 것이다. 이 책의 MBTI 유형별 스트레스 해소에 관한 내용은 다음과 같이 풀어낸다.

① 평소 건강하게 사용하던 주기능이 과부하 되면 어떤 변화를 보이는가?
② 사용하지 않던 열등기능은 어떤 행동으로 나타나는가?
  (열등기능을 주기능으로 사용하는 유형의 성격 특성과 비교하면 이해도가 높을 것임)
③ 주기능을 잠시 내려놓고 부기능을 사용하기 위해 어떤 노력이 필요한가?
④ 이 경험(주기능의 과부하, 열등기능의 표출, 부기능의 사용)으로 얻은 나의 깨달음과 통찰은?

이 책에서는 먼저 MBTI 유형별 성격의 특성을 알아보고 주기능, 부기능, 열등기능의 심리구조를 살핀다. 스트레스 상황에서 발생하는 주기능의 과부하와 열등기능의 표출을 살펴보고 〈스트레스 해소법〉에서 '부기능의 사용'을 알아보고 이해를 돕기 위해 에피소드를 통한 구체적인 사례를 보여준다. 마지막으로 〈열등기능의 성장〉에 대한 설명과 에피소드를 보여준다. 부기능은 내게 두 번째로 익숙한 기능이기 때문에 이해하는 데 어려움이 없을 것이나, 열등기능은 자신에게 가장 미숙한 기능이기에 해당 에피소드의 이해도가 상대적으로 낮을 수 있다. 다른 유형에서 자신의 열등기능이 주기능이나 부기능으로 사용될 때를 비교하며 읽는다면 많은 도움이 될 것이다.

에피소드는 구체적인 사례를 들어 이해를 돕기 위함이지 이 책의 사례가 정답은 아니다. MBTI 유형별로 이 책을 읽고 자신이 더 선호하는 창의적인 다양한 방법을 모색하기를 기대한다.

TIP

＊〈보건복지부 국립정신건강센터〉 유튜브를 활용하자!

보건복지부에서 만든 유튜브 채널인 국립정신건강센터는 심리학에서 불안장애, 공황장애 등 심리치료에 사용하는 '복식호흡 훈련', '근육이완 훈련'의 영상을 제공한다. 코로나19로 인한 '감염병 스트레스 마음 돌보기', '몸과 마음의 회복을 위한 몸과 마음 돌보기' 등 좋은 영상이 많으니 참고하자!

MBTI 유형별
스트레스 해소법

ESTP

프로 전술러

♥ ESTP 성격 콘셉트

예술적인

즐거운

짧고 굵게

현재에 집중하는

다루는 스킬이 능숙한

모험적인

멋쟁이

갈등 해소

⊙ ESTP의 특징

> ESTP는 먼저 행동하고
> 나중에 생각하는 유형으로
> 일단 'GO' 한다.

이들의 초점은 미래, 현재, 과거 중 '현재'에 맞추어진다. 먼저 행동하고 나중에 생각하는 ESTP는 일단 'GO!' 한다. 이런 특징 때문에 소방관이나 경찰관, 운동선수처럼 몸을 움직이는 직업을 선호하는 경향이 있다. 또한 개방적이며 예술적인 멋과 감각이 있으며 타고난 재치까지 겸비해 삶 자체를 즐기며 살아가려고 한다. 현재의 행복과 즐거움을 추구하는 ESTP는 타인과의 갈등 상황을 중재하는데 뛰어난 능력이 있다. 예술성이 있고 멋쟁이가 많다. 손을 이용해 다루는 기술에 능숙한 편이라 이를 활용한 직업이나 취미생활을 즐긴다.

좋고 나쁜 성격은 없다. 이 설명은 해당 유형의 특징이며, 장단점을 의미하는 것이 아님을 참고하자!

♥ ESTP의 심리구조

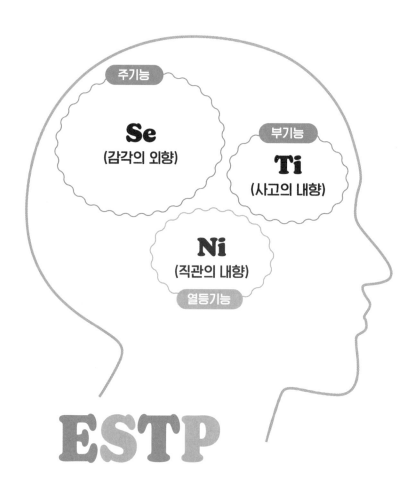

주기능
Se
(감각의 외향)

부기능
Ti
(사고의 내향)

Ni
(직관의 내향)
열등기능

ESTP

* 주기능

ESTP 주기능은 S(감각)로 성향이 외향(e)이므로 감각의 방향은 외부로 향한다. 감각이 외부로 향한다는 것은 바로 행동으로 옮기며 지금 여기, 현재를 즐긴다는 의미이다.

* 부기능

주기능이 감각(인식기능)이므로 부기능은 판단기능인 T가 되며 방향도 주기능의 반대인 i(내향)가 된다. Ti(내향적 사고)는 현재 직면한 문제에 대해 논리적으로 검토하려는 것을 의미한다.

* 열등기능

열등기능은 주기능의 정반대로 Ni(내향적 직관)이다. 인간의 영감과 같은 직관이 내면으로 향한다. 좋지 않은 일에 대해 상상의 나래를 펼치며 나의 내면에 불안감을 느낀다. 일과 미래에 대한 근거 없는 불안감이나 부정적인 생각은 내향적 직관이 열등기능으로 작용한 영향이다.

주기능은 해당 유형이 가장 선호하고 활발하게 사용하는 기능이며, 부기능은 주기능을 보조한다. 열등기능은 주기능의 반대인 무의식이다.

⊙ **ESTP의 강약점**

강점   +

ESTP는 조직의 선두에서 움직이기도 한다. 어떤 것을 배우며 습득하기보다 바로 경험하는 방식을 선호한다. 먼저 행동하고 갈등을 중재하는 유연한 사고방식의 강점은 리더로 활동할 만한 면모이기도 하다. 또한, 감각을 즐기는 ESTP는 손으로 하는 작업을 좋아해서 손재주가 좋은 사람이 많다. 뛰어난 관찰력과 손재주가 만나 기술을 이용하는 직업에도 어울린다. 이러한 특징 때문에 자신이 변화시킬 대상(만드는 제품)이 있는 경우에 더 높은 성과를 나타낸다.

약점   —

오감과 현재에 집중하는 ESTP는 추상적인 개념이나 아이디어에는 흥미를 느끼지 못한다. 타인의 감정이나 상황에 민감하지 못한 편이며 행동하고 난 이후에 생각하는 습관은 타인으로부터 신중하지 못하다는 평가를 들을 수 있다. 이런 성향은 조직 생활에서 실수를 유발하는데, ESTP가 완벽보다 경험을 중시하기 때문이다. 이런 단점을 보완하기 위해 어떤 일을 수행하기 전에 방법과 시간에 대한 계획을 수립하는 것을 연습하면 좋다. 또한 늘 즐거움을 추구하는 성향은 진지한 대화에 집중하기 어려울 수 있어 주의해야 한다.

⊙ **ESTP**의 스트레스 상황

주기능의 과부하

스트레스 상황이 되면 평소에 강점이던 주기능에 과부하가 걸린다. 평소 빠르게 행동하는 ESTP는 행동력이 지나쳐 실수로 이어지거나 생각 없는 행동을 하게 된다. 또한, 자신이 좋아하는 감각을 즐기는 ESTP는 평소보다 즐거움에 더 집중한다. 즐거움과 쾌락은 한 장 차이로 깊이 빠지면 생활에 무리가 생길 수 있어 주의가 필요하다. 스트레스 상황에서 주기능의 과부하가 느껴진다면 잠시 주기능 사용을 중단하는 것이 좋다.

열등기능의 표출

ESTP의 열등기능은 직관이 내면으로 향하는 Ni이다. 직관이 내부로 향한다는 의미는 자기 마음에 느껴지는 영감에 집중한다는 의미이다. 자주 사용하지 않는 열등기능은 주기능처럼 나에게 익숙하지 않다. 평소 직관을 잘 사용하지 않는 ESTP는 직관이 자연스럽게 느껴지지 않을 것이다. 일이나 미래에 대해 불안이나 두려움에 휩싸일 수 있으며, 무엇이든 부정적으로 해석하려고 한다. 특히 주변 사람의 말이나 행동에 대해 부정적인 해석과 불길한 느낌이 더해지면 관계에도 영향을 미칠 수 있어 주의가 필요하다. 평소 밝은 ESTP는 스트레스 상황에서 자신의 부정적인 시각을 알아차릴 필요가 있다.

⊙ **ESTP의** 스트레스 해소법

ESTP의 주기능인 감각(S)의 과부하가 발생하며, 열등기능인 직관(N)이 표출되는 상황을 벗어나기 위해 부기능인 논리적 사고(T)를 사용해야 한다. 성급한 행동과 부정적인 불안을 멈추고 건강하게 사용할 수 있는 논리로 방향을 전환함으로써 내면의 균형을 찾는 것이다.

내향적 사고(Ti)는 사고와 논리를 나의 내면으로 향하게 하는 것이다. 일차적으로 마음을 차분히 하고 논리적 사고가 가능한 전략적인 게임이나 큐브, 바둑으로 과열된 성급한 행동과 불안하고 부정적인 느낌을 잠재운다. 시간이 지나 마음이 조금 편안해졌다면 직면한 문제에 대해 논리적으로 다시 판단해 보자!

여기에서 주의할 점은 논리적으로 판단할 때 그 문제와 사람에 대한 빠른 결정과 느낌은 배제해야 한다는 점이다. 바로 때려치우고 싶고, 그 사람의 행동과 말이 모난 것처럼 보이는 시각을 내려놓고 사실만 생각하려고 노력해야 한다. 만약 이것이 어렵다면 다시 괜찮아질 때까지 전략적인 게임이나 큐브를 즐기자. 그리고 마음이 가라앉은 후에 다시 시도하자!

스트레스 상황에서 벗어나기 위해서는 과부하 걸린 주기능과 표출된 열등기능을 내려놓고 자신에게 두 번째로 익숙한 부기능을 사용해야 한다.

에피소드

ESTP는 이직을 고민하고 있다. 직장 생활 8년 차인 ESTP는 지금 직장이 첫 직장이다. 오래 다닌 직장을 떠나는 것은 쉽지 않았다. 환경이 익숙해진 것도 있지만, 정든 동료들과의 이별도 힘들었다.

그런데, 막상 이직하려니 미래의 회사에 대한 불안감이 밀려왔다. '그냥 오늘 사표를 던질까?' 하는 생각이 들 정도로 스트레스가 과해졌다. 가장 힘든 것은 내가 무엇을 원하는지 모르겠다는 것이었다. 머릿속을 정리하려고 들른 서점에서《내 마음의 고요함, 감정노동의 지혜》라는 책을 집어 들었다. '문제점 해결을 위한 생각 정리 방법'이 눈에 띄었기 때문이다.

아침에 일어나 정리하기 시작한다. 정리를 마친 ESTP는 놀랐다. A와 D가 답이 같을 거로 생각했는데 적고 보니 아니었다. 마찬가지로 B와 C도 같지 않았다. ESTP는 자신이 미래를 위해 이직을 원하는 것을 알게 되었다. 예상치 못했던 답이었지만, 생각해 보니 원하던 것이었다. 그러니 이직에 대해 고민을 하지 않았겠는가?

이직하면 좋은 점 (A)	이직 안 하면 좋은 점 (B)
1.	1.
2.	2.
3.	3.
이직하면 나쁜 점 (C)	**이직하면 안 하면 나쁜 점 (D)**
1.	1.
2.	2.
3.	3.

♥ **ESTP 열등기능의 성장**

스트레스 상황에서 내향적 직관(Ni)을 경험하고 난 이후, ESTP는 주로 사용하던 감각적 경험 이외에 눈에 보이지 않는 것의 중요성을 인지하게 된다.

직관이 열등기능으로 작용했을 때의 미래에 대한 근거 없는 불안 감이나 부정적인 생각을 좀 더 건강하게 다룰 수 있게 된다. 예를 들면, 인간으로서 느끼는 영감, 미래의 가능성 등에 대해 진지하게 고민하고 수용하게 된다. 다른 사람들의 이런 직관에 관한 생각이나 행동에 대해 조금이나마 유연하게 바라보는 시야를 가지게 된다. 이러한 열등기능의 성장은 현재를 즐기는 것에 집중하던 ESTP에게 현재 상황에서 보이지 않는 미래의 다양한 가능성을 보며, 힘든 상황에서 긍정적인 면을 찾는 등 다양한 관점에서 문제를 바라보게 한다.

이처럼 주기능, 부기능, 3차기능, 열등기능의 관계는 변하지 않지만, 시간이 지나면서 네 가지 심리기능 사이에 더욱 유연하고 상호보완적인 변화와 통찰이 일어나게 된다. 좋은 일만 있는 것이 아닌 인생에서 우리는 이러한 스트레스 과정을 겪으며 또 한 걸음 성장하는 것이다.

> 열등기능의 표출로 다른 유형의 성향을 이해하는 계기가 되며 종종 스트레스 상황이 아니더라도 열등기능을 사용하는 성장을 하게 됩니다.

에피소드

8년 동안 정들었던 회사는 나를 놓아주었다. 내가 아니면 안 될 것처럼 대하던 팀장님도 잘 가라고 손 흔들어 주었지만 시원섭섭했다.

새로운 회사에 들어가 6개월 정도 지나 적응이 되었을 무렵, ESTP는 갑자기 6개월 전이 떠올랐다. 그만두고 보니, 이직도 별거 아니었다. 한 살이라도 젊었을 때의 다양한 경험은 나쁘지 않았다. 그런데 그때 나는 무엇이 그렇게 불안했을까? 이런 생각을 하고 있을 때 옆에 윤 대리가 왔다.

> 윤 대리 ┃ 뭘 그렇게 생각해? 컴퓨터 화면 뚫어지겠어!
>
> 김 대리 ┃ '회사 들어온 게 벌써 6개월이나 지났나?'하고 놀라던 중이야.
>
> 윤 대리 ┃ 하하! 그러게, 말이야 이놈의 회사는 들어오면 후딱후딱 계절이 바뀌어! 얼마나 정신없게 하는지 시간 가는 줄 모르겠다니까….
>
> 김 대리 ┃ 윤 대리는 항상 밝아 보여. 회사 생활이 할 만한가 봐?
>
> 윤 대리 ┃ 회사 들어오기 전에 타수 100타에 어리바리했는데 엑셀 수식까지 현란하게 넣는 나를 보고 가끔 깜짝깜짝 놀라! 정신없이 시간이 지나가긴 했지만, 그냥 시간만 간 건 아니니까…. 과장 달아야 하잖아! 나 부장님께 보고서 좀 올리고 올게.

발랄하게 나가는 윤 대리를 보며 ESTP는 다음에는 나도 미래에 대해 긍정적인 면을 보려고 노력해야겠다고 생각한다.

♥ ESTP를 위한 조언

가끔은 돌아가는 것이
빨리 가는 길이다.

늘 빠르게 행동하고 대처하는 ESTP의 순발력은 용기 있고 멋있어요. 하지만 스트레스 상황에서는 평소 내 모습을 내려놓아도 좋아요. 지금의 시점에서 가장 중요한 것이 무엇인지 고민할 필요가 있죠.

'나보다 더 중요한 것이 무엇인가?' 생각해 보고 자신이 지금 힘들다면, 잠시 내려놓고 쉬어보세요! 그리고 객관적으로 다시 판단하려고 노력하는 건 어떨까요?

공들여 긴 시간 생각하는 만큼 결과의 깊이가 달라질 거예요.

ESTP

나에게 쓰는 편지

💜 **ESTP인 나에게 쓰는 편지**

주기능인 Se(외향적 감각)의 과함이 있었나요?

Se

주기능

열등기능인 Ni(내향적 직관)는 표출되었나요?

Ni

열등기능

부기능인 Ti (내향적 사고)를 사용해 보셨나요?

최근 있었던 일을 되새기며 나의 마음을 3분 정도 가만히 들여다보고 적어봅니다. 지금의 내 마음을 잘 토닥여 줍니다.

ISTP

해피 먹방러

♥ ISTP 성격 콘셉트

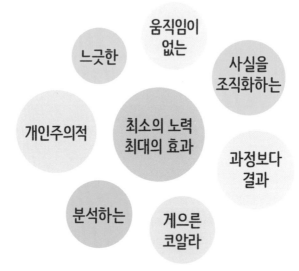

움직임이
없는

느긋한

사실을
조직화하는

개인주의적

최소의 노력
최대의 효과

과정보다
결과

분석하는

게으른
코알라

⊙ ISTP의 특징

> ISTP는
> 활동적인 작업에
> 끌리는 경향이 있다.

활동적이며 특수한 기계나 도구 사용법을 습득하는 것을 선호하는 ISTP는 사람들과의 교류를 어려워하는 경향이 있다. 자신을 드러내는 것에 대해 낯가림이 있다. 그러나, 이런 수줍음 뒤에 순간적으로 상황을 판단하거나 급작스러운 재난 상황의 대처도 유연함이 있어 소방관처럼 밖에서 활동하는 직업을 선호한다. 또한 다양한 장비를 사용하는 것을 어려워하지 않는다. 이들은 밖에서 행동하고 자신이 사용한 도구의 감각 정보를 느끼는 것을 선호한다.

💗 좋고 나쁜 성격은 없다. 이 설명은 해당 유형의 특징이며, 장단점을 의미하는 것이 아님을 참고하자!

⊙ ISTP 심리구조

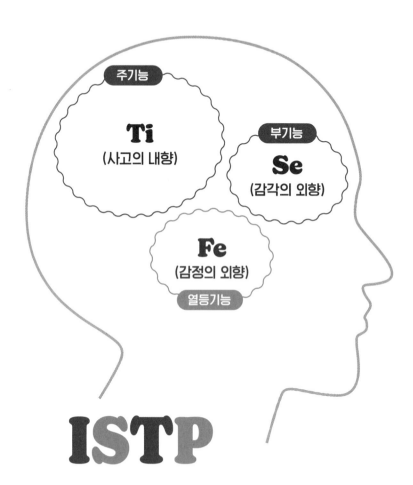

주기능

Ti
(사고의 내향)

부기능

Se
(감각의 외향)

Fe
(감정의 외향)

열등기능

ISTP

＊ 주기능

ISTP 주기능은 T(사고)로 성향이 내향(i)이므로 사고의 방향은 내면으로 향한다. 사고가 내면으로 향한다는 것은 감정에 흔들리지 않고 평소 심사숙고하며 객관적인 분석을 잘한다는 의미이다.

＊ 부기능

주기능이 사고(판단기능)이므로 부기능은 인식기능인 S가 되며 방향도 주기능의 반대인 e(외향)가 된다. Se(외향적 감각)는 다양한 경험으로 자신이 좋아하는 감각을 느끼며 즐거움을 추구한다.

＊ 열등기능

열등기능은 주기능의 정반대로 Fe(외향적 감정)이다. 일과 타인에 대한 감정이 외향으로 작용한다. 평소 보이지 않던 감정적이거나 과민한 반응을 보인다. 타인의 행동이나 일의 결과에 대한 부정적인 해석은 외향적 감정이 열등기능으로 작용한 영향이다.

주기능은 해당 유형이 가장 선호하고 활발하게 사용하는 기능이며, 부기능은 주기능을 보조한다. 열등기능은 주기능의 반대인 무의식이다.

⊙ ISTP의 강약점

강점

—————————————————————— **Strengths**

관찰력이 뛰어나 복잡한 자료를 조직화하는 능력이 탁월하며 재난이나 위기 상황에서 침착하고 냉정하게 판단하는 능력이 있다. ISTP는 즉흥적인 판단과 갑작스러운 변화에 대해 냉정함 유지할 수 있다. 위험을 감수하고 업무 능력이 뛰어난 편으로 재난이나 급박한 상황에 대처하는 직업에서 뛰어난 적응력을 보인다. 계급이나 권위를 뛰어넘어 공정함을 유지하며, 손이나 기술을 이용하는 일을 좋아한다.

약점

—————————————————————— **Weaknesses**

타인에게 무관심한 개인주의자이며 감정에 대한 표현을 지나치게 억제하는 경향이 있다. 이는 다른 사람의 감정이나 원하는 것에 대한 파악을 어렵게 만드는 요인이기도 하다. 이렇게 타인에 관한 관심이 부족하고 파악도 어려워 타인과의 대화를 회피한다. 그래서 독립적인 성향이 더욱 강한 것일 수도 있다. ISTP는 미리 준비하고 복잡하며, 시간 관리를 해야 하는 일에 어려움을 느낀다.

⦿ ISTP의 스트레스 상황

주기능의 과부하

스트레스 상황이 되면 평소에 강점이던 주기능에 과부하가 걸린다. 평소 감정에 휘둘리지 않고 논리적이고 객관적으로 분석하는 ISTP는 논리를 과도하게 사용하게 된다. 타인의 감정에 무감각해지며 객관성을 잃고 자기중심적으로 자기 논리만을 주장한다. 평소 신중하게 생각하는 ISTP는 더 말이 없어지며 자신을 고립시킬 수 있어 주의가 필요하다. 스트레스 상황에서 주기능의 과부하가 느껴진다면 잠시 주기능 사용을 중단하는 것이 좋다.

열등기능의 표출

ISTP의 열등기능은 감정이 외부로 향하는 Fe이다. 감정이 외부로 향한다는 의미는 자기감정을 타인에게 표현한다는 의미이다. 자주 사용하지 않는 열등기능은 주기능처럼 나에게 익숙하지 않다. 감정을 평소에 잘 사용하지 않는 ISTP는 감정을 자연스럽게 다루기 힘들다. 타인의 행동이나 미래에 대해 강렬한 감정이 폭주할 수 있다. 특히 주변 사람에게 보이는 신경질적인 감정표현을 대인관계에 영향을 미칠 수 있어 주의가 필요하다. 평소 조용한 ISTP는 스트레스 상황에서 자신의 폭발적인 감정표현을 알아차릴 필요가 있다.

⊙ **ISTP의 스트레스 해소법**

ISTP의 주기능인 사고(T)의 과부하가 발생하며, 열등기능인 감정(F)이 표출되는 상황을 벗어나기 위해 부기능인 감각(S)을 사용해야 한다. 과도한 평가와 부정적인 감정을 멈추고 건강한 방향으로 사용할 수 있는 감각으로 방향을 전환함으로써 내면의 균형을 찾는 것이다.

외향적 감각(Se)은 감각을 나의 외부로 향하게 하는 것이다. 온전히 'Here and Now(지금, 여기)'를 즐기며 스트레스를 해소하는 것이 좋다. 평소 자신이 좋아하는 감각을 주는 것은 ISTP가 아니더라도 모든 유형이 선호하는 것일 수 있다. 좋아하는 음악을 듣거나, 영화를 보거나 쇼핑하거나 맛있는 음식을 먹는 것조차 내게 주는 좋은 감각이다. 이런 좋은 감각은 과도하게 가득 찬 생각들을 잠재운다. 이것은 또한 나의 관심을 스트레스 상황의 과거나 스트레스 상황이 영향을 미칠 미래가 아닌 감각을 즐기는 현재로 옮겨지게 한다.

주의할 점은 문제나 일, 사람에 관한 판단과 감정은 배제하려고 노력해야 한다는 점이다. 비판하고 싶고, 그 사람의 행동과 말이 모난 것처럼 보이는 시각을 내려놓고 지금을 즐기자! 마음이 가라앉은 후에 ISTP의 냉정함을 다시 찾을 수 있을 것이다.

> 스트레스 상황에서 벗어나기 위해서는 과부하 걸린 주기능과 표출된 열등기능을 내려놓고 자신에게 두 번째로 익숙한 부기능을 사용해야 한다.

에피소드

금요일 저녁, 김 과장은 퇴근 중이다. 이번 주는 너무 힘든 한주였다. Monthly 회의에서 상무님께 엄청나게 깨졌기 때문이다. 서울대 수학과 출신인 상무님은 보고서의 숫자 하나하나를 살펴보신다.

> **윤 상무**   김 과장, 평균의 평균은 의미가 있습니까?

아차! 평균을 다시 평균으로 계산하면 수학적 의미가 없다며 광분하시는 상무님인데 보고서에 오류가 있었던 것이다. 그날 김 과장은 윤 상무에게 1시간의 연설을 들어야 했다. 거기다 이번 주 발표된 실적은 바닥이었다. 실적이 낮은 부하직원들은 눈엣가시처럼 보이고, 보완해야 하는 보고서는 막막했다. 일주일 내내 어딘가에 잡혀가 갇히고 흔들린 것처럼 어지럽고 토할 것 같아 퇴근 시간이 되자마자 사무실을 박차고 나왔다.

집에 도착하자마자 짐을 간단히 싸서 마트로 향했다. 맥주와 먹거리를 사서 교외 캠프장으로 향했다. 이렇게 급히 오는 캠핑은 차박이 최고다. 배고픔에 부대찌개를 끓여 먹고 맥주와 함께 바라보는 불멍은 지난 일주일을 위로하기에 딱 맞다. 오늘은 아무 생각 없이 늦은 시간까지 치킨에 맥주를 마시며 불멍하다 잠들 생각이다.

아휴, 이번 주도 잘 견뎠다!

⊙ ISTP 열등기능의 성장

스트레스 상황에서 외향적 감정(Fe)을 경험하고 난 이후, ISTP는 평소 자신이 잘 사용하지 않는 감정의 표현에 대한 중요성을 인지하게 된다.

감정이 열등기능으로 작용했을 때의 신경질적인 감정표현을 좀 더 건강하게 다룰 수 있게 된다. 예를 들면, 내가 상대에게 느끼는 감정, 올라오는 자기 감정을 좀 더 진지하게 고민하고 수용하게 된다. 다른 사람의 감정 표현을 유연하게 바라보고 자기 표현에 대한 넓은 시야를 가지게 된다. 이러한 열등기능의 성장은 이성적으로 판단하고 생각하는 것을 즐기는 ISTP에게 타인과 자신의 감정에 좀 더 집중하게 되며, 다양한 관점에서 대인관계를 바라보게 한다.

이처럼 주기능, 부기능, 3차기능, 열등기능의 관계는 변하지 않지만, 시간이 지나면서 네 가지 심리기능 사이에 더욱 유연하고 상호보완적인 변화와 통찰이 일어나게 된다. 좋은 일만 있는 것이 아닌 인생에서 우리는 이러한 스트레스 과정을 겪으며 또 한 걸음 성장하는 것이다.

> 열등기능의 표출로 다른 유형의 성향을 이해하는 계기가 되며 종종 스트레스 상황이 아니더라도 열등기능을 사용하는 성장을 하게 됩니다.

에피소드

주말에 힐링하고 다시 돌아온 월요일, 출근한 ISTP에게 윤 사원이 웃으며 다가온다.

> **윤 사원**　대리님! 좋은 아침입니다.

웃는 얼굴로 인사하는 윤 사원은 ISTP가 좋아하는 콜드브루를 한 잔 놓고 발랄한 걸음으로 자기 자리로 간다. 우리 팀 실적 꼴찌인 윤 사원은 늘 발랄하다. 윤 사원을 바라보며 ISTP는 평소 '저렇게 밝은데, 실적은 왜 그 모양일까?' 하는 생각을 했다. 그런데 지난주에 퇴근하며 미운 감정이 올라왔던 것이 갑자기 미안한 마음이 들었다.

> **ISTP**　잘 마실게요.

윤 사원은 늘 성실했다. 가장 먼저 출근해서 근무 준비하고 항상 밝은 표정으로 직원들을 대했다. 그런데도 실적이 가장 낮은 것은 어쩔 수 없었다. 다양한 방법을 시도해 봤지만, 효과가 없었다.

그런 윤 사원에게 평소에 혹시 짜증스러운 감정을 표현했던가? 오늘 갑자기 생각이 많아지는 ISTP이다.

⦿ ISTP를 위한 조언

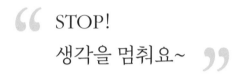

" STOP!
생각을 멈춰요~ "

극한의 상황에서도 흔들리지 않는 정신력을 보여주는 ISTP의 모습은 마치 영화의 한 장면을 보는 것같이 멋져요. 하지만 스트레스 상황에서는 평소의 내 모습을 내려놓아도 좋답니다.

STOP! 생각을 멈추세요! 그동안 열심히 일한 ISTP에게 선물을 주는 시간이 필요하답니다. 좋아하는 감각을 내게 주기 위해 하루를 온전히 사용해요. 그리고 그동안 고생한 내게 쓰담쓰담해 주세요!

수고했다고….

ISTP

나에게 쓰는 편지

♥ ISTP인 나에게 쓰는 편지

주기능인 Ti(내향적 사고)의 과함이 있었나요?

Ti
주기능

_____

_____

_____

_____

_____

열등기능인 Fe(외향적 감정)는 표출되었나요?

Fe
열등기능

_____

_____

_____

_____

_____

_____

부기능인 Se(외향적 감각)를 사용해 보셨나요?

Se

최근 있었던 일을 되새기며 나의 마음을 3분 정도 가만히 들여다보고
적어봅니다. 지금의 내 마음을 잘 토닥여 줍니다.

ESFP

프로 내면러

❤ ESFP 성격 콘셉트

배려하는

융통성

미적 감각

에너자이저

분위기
메이커

대인관계
능숙

활동적인

충동적인

♥ ESFP의 특징

> ESFP는 사람들을 도우며,
> 새롭고 아름다운 것을 알아보는
> 날카로운 눈매를 가진 유형이다.

활발하고 친절하면서도 이들은 'Here and Now'를 느끼며 살려고 노력한다. 이 순간을 즐겁고 유쾌하게 보내는 것은 ESFP가 추구하는 인생 신조이기도 하다. 어디를 가나 분위기 메이커로 통하는 이 유형은 사람을 돕는 것을 마다하지 않으며, 기꺼이 자신의 것을 내어주는 특성이 있어 대인관계가 좋다. 또한 세련된 미적 감각이 있어 패션이나 스타일에 관련된 업무에도 적당하다. 반면, 행동파인 충동적인 성향으로 돈이나 시간 관리에 애를 먹는 경우가 있다. 그러나 신속한 움직임과 판단으로 예기치 못한 상황에 빠르게 대처할 수 있으니 성격이란 좋은 것도 나쁜 것도 아니라는 것을 다시 한번 느낄 수 있다.

> ♥ 좋고 나쁜 성격은 없다. 이 설명은 해당 유형의 특징이며, 장단점을 의미하는 것이 아님을 참고하자!

⊙ ESFP 심리구조

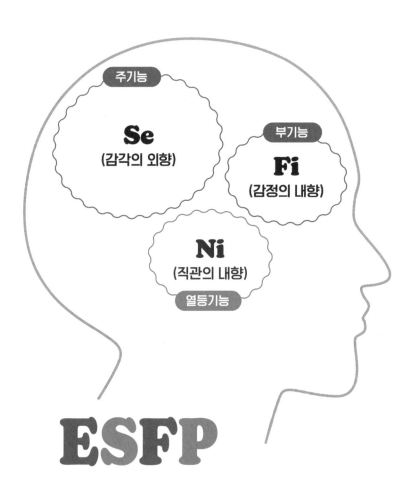

주기능

Se
(감각의 외향)

부기능

Fi
(감정의 내향)

Ni
(직관의 내향)

열등기능

ESFP

* 주기능

ESFP의 주기능은 S(감각)이 외향(e)이므로 감각의 방향은 외향으로 향한다. 감각이 외부로 향한다는 것은 바로 행동으로 옮기며 지금 여기, 현재를 즐긴다는 의미이다.

* 부기능

주기능이 감각(인식기능)이므로 부기능은 판단기능인 F가 되며 방향도 주기능의 반대인 i(내향)가 된다. Fi(내향적 감정)는 논리가 아닌 감정으로 타인과 공감하려는 것을 의미한다.

* 열등기능

열등기능은 Ni(내향적 직관)가 된다. 인간의 영감과 같은 직관이 내면으로 향한다. 좋지 않은 일에 대해 상상의 나래를 펼치며 나의 내면에 불안감을 느낀다. 일과 미래에 대한 근거 없는 불안감이나 부정적인 생각은 내향적 직관이 열등기능으로 작용한 영향이다.

주기능은 해당 유형이 가장 선호하고 활발하게 사용하는 기능이며, 부기능은 주기능을 보조한다. 열등기능은 주기능의 반대인 무의식이다.

ESFP의 강약점

강점

——————————————————————————————— **Strengths**

자기 것을 챙기려는 욕심 없이 다른 이에게 늘 주는 정다움과 도움이 필요한 사람을 도우려는 적극성은 ESFP가 사람들에게 사랑받는 이유이다. 타인에게 받는 이런 사랑은 ESFP의 유쾌한 에너지가 되기도 한다. 뛰어난 손재주와 미적 감각으로 자신만의 기술을 습득하고 꾸미는 것을 좋아한다. 이런 특징으로 서비스와 기술을 동시에 제공하는 물리 치료사나 헤어 디자이너, 놀이 치료사와 같은 직업에 높은 적응력을 보인다. 즐겁게 일하며 사람과 조직에 대한 충성도도 높다.

약점

——————————————————————————————— **Weaknesses**

사람들과 함께 있을 때 에너지를 얻기 때문에 혼자 일하는 것은 힘들어하는 경향이 있다. 계산하고 따지는 것에 약해서 시간과 돈 관리가 힘들다. 미리 준비하는 것을 싫어하며 즉흥적으로 행동하거나 판단해서 후회하기도 한다. 논리적으로 판단하거나 장기적인 목표를 세우고, 언제까지 처리해야 하는 마감 기한은 ESFP가 가장 싫어하는 항목이기도 하다. ESFP도 감각(S)으로 의미를 해석하기 때문에 추상적인 가능성에 대한 의미 부여가 어렵다.

⊙ ESFP의 스트레스 상황

주기능의 과부하

스트레스 상황이 되면 평소에 강점이던 주기능에 과부하가 걸린다. 평소 빠르게 행동하는 ESFP는 행동력이 지나쳐 실수로 이어지거나 생각 없이 행동하게 된다. 또한, 자신이 좋아하는 감각을 즐기는 ESTP는 평소보다 즐거움에 더 집중한다. 즐거움과 쾌락은 한 장 차이로 깊이 빠지면 생활에 무리가 생길 수 있어 주의가 필요하다. 스트레스 상황에서 주기능의 과부하가 느껴진다면 잠시 주기능 사용을 중단하는 것이 좋다.

열등기능의 표출

ESFP의 열등기능은 직관이 내면으로 향하는 Ni이다. 직관이 내부로 향한다는 의미는 자기 마음에 느껴지는 영감에 집중한다는 의미이다. 자주 사용하지 않는 열등기능은 주기능처럼 나에게 익숙하지 않다. 평소 직관을 잘 사용하지 않는 ESFP는 직관이 자연스럽게 느껴지지 않을 것이다. 일이나 미래에 대해 불안이나 두려움에 휩싸일 수 있으며, 무엇이든 부정적으로 해석하려고 한다. 특히 주변 사람의 말이나 행동에 대해 부정적인 해석과 불길한 느낌이 더해지면 관계에도 영향을 미칠 수 있어 주의가 필요하다. 평소 밝은 ESFP는 스트레스 상황에서 자신의 부정적인 시각을 알아차릴 필요가 있다.

⚙ **ESFP의 스트레스 해소법**

ESFP의 주기능인 감각(S)의 과부하가 발생하며, 열등기능인 직관(N)이 표출되는 상황을 벗어나기 위해 부기능인 감정(F)을 사용해야 한다. 성급한 행동과 부정적인 불안을 멈추고 건강한 방향으로 사용할 수 있는 감정으로 방향을 전환함으로써 내면의 균형을 찾는 것이다.

내향적 감정(Fi)은 감정이 나의 내부로 향하게 하는 것이다. 평소 활발한 ESFP지만, 일차적으로 마음을 차분히 하고 주변 사람과 조용히 대화를 나누거나 다른 사람의 의견을 경청하며 휴식을 취하는 것이 좋다. 시간이 지나 마음이 조금 편안해졌다면 자기 내면의 소리에도 집중해 보자!

여기에서 주의할 점은 이때 문제와 사람에 대한 빠른 결정과 부정적인 느낌은 배제하려고 노력해야 한다는 점이다. 바로 때려치우고 싶고, 그 사람의 행동과 말이 모난 것처럼 보이는 부정적인 시각을 내려놓고 내면의 감정만을 생각하자! 만약 이것이 어렵다면 다시 괜찮아질 때까지 주변 사람의 말을 듣거나 편안하게 대화를 나누고 마음이 가라앉았다면 다시 시도하자! 다정하고 따뜻한 내향적 감정(Fi)을 사용하려고 노력한다면 ESFP의 따뜻함을 다시 찾게 될 것이다.

> 스트레스 상황에서 벗어나기 위해서는 과부하 걸린 주기능과 표출된 열등기능을 내려놓고 자신에게 두 번째로 익숙한 부기능을 사용해야 한다.

에피소드

ESFP는 회식에 참석했다. 오늘 자신을 심하게 갈군 김 팀장이 눈에 들어왔다. 평소 술을 즐기는 ESFP는 스트레스로 초반부터 달리기 시작했다. 취기가 올라온 ESFP는 김 팀장에게 주정하기 시작했다.

> **ESFP**　　김 팀장! 대체 나한테 왜 그러는 거야?

다음 날 아침, 집에서 눈을 뜬 ESFP는 지난밤 사건이 떠올라 오뚝이처럼 자리에서 일어났다. 팀장님께 눈을 치켜뜨고 말 한마디 던진 건 기억나는데, 그 뒤는 기억나지 않았다. 이게 뭔 일인가 싶어 윤 사원에게 전화했다. 전화 받자마자 윤 사원은 호들갑을 떨었다.

> **윤 사원**　　야! 너 어제 기억나?
> **김 대리**　　나 어제 어떻게 된 거야? 회식 장소에서 필름이 끊겼어.
> **윤 대리**　　아휴! 팀장님한테 소리 지르고 난리 치다가 엎드려 자더라!

ESFP는 이런 상황이 당황스럽고 황당해서 미쳐버릴 것 같았다. 김 팀장의 감정이 당황했을 것을 생각하니 미안함이 더 올라왔다. 당황스럽고, 황당하고, 수치심도 느끼지 않았을까? 출근하며 숙취해소제와 다정함이 가득한 쪽지 하나를 김 팀장 자리에 살포시 놓고 자리에 앉는다.

♥ ESFP 열등기능의 성장

스트레스 상황에서 내향적 직관(Ni)을 경험하고 난 이후, ESFP는 주로 사용하던 감각 이외에 직관의 중요성을 인지하게 된다.

직관이 열등기능으로 작용했을 때의 미래에 대한 불안이나 부정적인 생각을 좀 더 건강하게 다룰 수 있게 된다. 예를 들면, 인간으로서 느끼는 영감, 미래의 가능성 등에 대해 진지하게 고민하고 수용하게 된다. 다른 사람들의 이런 직관에 관한 생각이나 행동에 대해 조금이나마 유연하게 바라보는 시야를 가지게 된다.

열등기능의 성장은 현재를 즐기는 것에 집중하던 ESFP에게 미래의 다양한 가능성을 보여주며, 힘든 상황에서 긍정적인 면을 찾는 등 관점의 다양성을 키워준다.

이처럼 주기능, 부기능, 3차기능, 열등기능의 관계는 변하지 않지만, 시간이 지나면서 네 가지 심리기능 사이에 더욱 유연하고 상호보완적인 변화와 통찰이 일어나게 된다. 좋은 일만 있는 것이 아닌 인생에서 우리는 이러한 스트레스 과정을 겪으며 또 한 걸음 성장하는 것이다.

> 열등기능의 표출로 다른 유형의 성향을 이해하는 계기가 되며 종종 스트레스 상황이 아니더라도 열등기능을 사용하는 성장을 하게 됩니다.

에피소드

다행히 김 팀장은 회식에서의 일에 대해 ESFJ의 사과 쪽지로 화를 풀었다. ESFP는 엊저녁 자기 행동에 대해 다시 반추해 보았다. 무엇이 자기 행동에 동기가 되었는지 살펴봐야 했다. 김 팀장은 이번 달 실적에 대해 ESFP에게 공식적인 자리에서 나무랐다.

> **김 대리** 다음 달에는 좀 더 나은 실적을 보여주셔야겠어요.

어제는 김 팀장의 말이 자신을 갈구는 거로 생각했는데, 오늘 다시 되새기니 다음 달에는 더 분발하라는 격려가 포함되어 있었다. 충분히 생각지 않고 실행에 옮긴 어제의 행동에 후회가 밀려왔다. 실적이 낮은 것에 대해서 '때려치워라!', '이것밖에 못 하냐?', '머리가 있는 거냐?' 등 비하하는 말이 아닌데도 비하하는 것처럼 들린 어제의 내가 미웠다. 회사 다니며 다른 사람에게 모진 말을 해본 적 없는 ESFP여서 더 당황스러웠다.

ESFP에게 민감한 목표에 대한 김 팀장의 말을 부정적으로 해석한 자신의 열등기능에 대해 한 번 더 생각하는 계기가 되었다.

⊙ ESFP를 위한 조언

> **상대의 말을
> 재해석하지 말아요.**

ESFP의 열등기능인 직관은 특히 스트레스 상황에서 자신에게 하는 말을 왜곡해서 해석하는 경향이 있어요. 그런데 그거 아시나요? 때로는 아무 의미 없이 떠오르는 대로 말하는 사람이 있답니다. 그 사람의 성향이지만, ESFP가 상처받을 수 있어요.

그러니 누군가가 당신에게 하는 말에 대해서 의미를 재해석하는 작업을 멈추세요. 'A가 그런 말을 내게 하다니…. 대체 무슨 의미지? 나보고 OO 하라는 건가? 내가 OO 하면 좋겠다는 뜻인가?' 등 의미의 재해석은 관계에 도움이 되지 않아요.

의미가 정 궁금하다면 상대방에게 직접 물어보는 것도 한 방법이랍니다.

♥ ESFP인 나에게 쓰는 편지

주기능인 Se(외향적 감각)의 과함이 있었나요?

Se

주기능

열등기능인 Ni(내향적 직관)는 표출되었나요?

Ni

열등기능

부기능인 Fi(내향적 감정)를 사용해 보셨나요?

최근 있었던 일을 되새기며 나의 마음을 3분 정도 가만히 들여다보고
적어봅니다. 지금의 내 마음을 잘 토닥여 줍니다.

ISFP

해피 쇼핑러

💙 ISFP 성격 콘셉트

세부적인

게으른

사려깊은

패셔니스타

예술적 감각

추진력이
낮은

유연성

수용적인

♡ ISFP의 특징

> ISFP는
> 자신의 재능을
> 쏟는 일을 선호한다.

ISFP는 예술적인 감각이 뛰어난 유형이다. 이 때문에 패션이나 예술처럼 오감을 이용해서 손으로 직접 만드는 일을 선호한다. 세심한 관찰력은 미세한 세부적인 변화까지 점검하는 예민함을 가진다. 그러나 진정한 예술가는 유유자적하는 삶을 선호하는가? ISFP는 에너지가 매우 낮다. 이런 이유로 자신이 원하지 않는 일은 할 수 없는 것이 ISFP이기도 하다. 주변 사람에게 사려 깊고, 일이나 상황에 대한 관점에 관한 사고의 유연성이 좋은 것은 큰 장점이다.

좋고 나쁜 성격은 없다. 이 설명은 해당 유형의 특징이며, 장단점을 의미하는 것이 아님을 참고하자!

◎ ISFP 심리구조

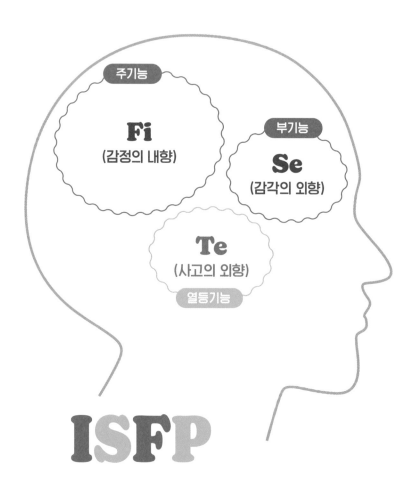

＊ 주기능

ISFP의 주기능은 F(감정)로 성향이 내향(i)이므로 감정의
방향은 내면으로 향한다. 감정이 내면으로 향한다는 것은
평소 온화하고 부드러운 ISFP는 타인에게 감정이입을 잘한
다는 의미이다.

＊ 부기능

주기능이 감정(판단기능)이므로 부기능은 인식기능인 S가
되며 방향도 주기능의 반대인 e(외향)가 된다. Se(외향적
감각)는 현재에 초점을 두고 다양한 활동을 통해 즐거움을
추구하는 것을 의미한다.

＊ 열등기능

열등기능은 주기능의 정반대로 Te(외향적 사고)로 논리의
방향이 외부로 향한다는 의미이다. 왜곡된 사고로 모든 상
황이나 사람에 대해 시야가 좁아지고 부정적인 결론을 내리
는 것은 외향적 사고가 열등기능으로 작용한 영향이다.

주기능은 해당 유형이 가장 선호하고 활발하게 사용하는 기능이며, 부기
능은 주기능을 보조한다. 열등기능은 주기능의 반대인 무의식이다.

💟 ISFP의 강약점

강점

+

——————————————————————————————————— **Strengths**

따뜻하고 친절한 ISFP는 다른 사람의 요구를 실질적으로 도우려고
한다. 갑작스러운 변화나 상황에 실용적인 대응이 가능한 유형으로
사고의 유연성이 좋다. 특히 사람과 관련된 세부 사항을 잘 살핀다.
ISFP의 가장 큰 재능은 절대적인 예술 감각으로 이를 활용하는 모든
직업에 어울린다. 개인의 목표를 위해 계획을 세우고 실행하는 것은
어려워하나 조직의 목표를 위해서는 기꺼이 집중한다.

약점

–

——————————————————————————————————— **Weaknesses**

에너지가 낮아 자신이 열정을 쏟는 일 외의 일을 진행하기 어렵다. 자
신이 열정을 쏟는 일도 끝까지 해내기가 어렵다. 계획을 세우거나 시
간을 관리하는 것에 약하다. 또한 자신의 단점을 타인이 비판한다면
객관적으로 받아들이지 않고 사적인 의미를 부여해 자신을 힘들게
한다. 이것은 ISFP가 타인을 비판하거나 평가를 싫어하는 성향 때문
이기도 하다. 사물을 사실적으로 바라보는 시각은 전체를 구조화시
키지 못하고 시야를 좁게 만드는 경향이 있어 고도로 복잡한 일은 어
려워한다.

⊙ ISFP의 스트레스 상황

주기능의 과부하

스트레스 상황이 되면 평소에 강점이던 주기능에 과부하가 걸린다. 평소 온화하고 다정하며 타인의 감정을 잘 알아차리는 ISFP는 타인의 감정에 너무 과민하게 반응하는 예민한 상태가 된다. 또한, 평소보다 더 말이 없어지며 더욱 소극적으로 되면서 업무나 사람 관계에서 해결해야 할 부분을 회피할 수 있어 주의가 필요하다. 스트레스 상황에서 주기능의 과부하가 느껴진다면 잠시 주기능 사용을 중단하는 것이 좋다.

열등기능의 표출

ISFP의 열등기능은 사고가 외부로 향하는 Te다. 사고가 외부로 향한다는 의미는 평소보다 좁은 시각으로 일이나 사람을 부정적으로 판단하고 비평한다는 의미이다. 잘 사용하지 않는 열등기능은 주기능처럼 나에게 익숙하지 않다. 평소 논리를 자주 사용하지 않는 ISFP는 성급한 판단을 과감하게 행동으로 옮기거나 타인이나 일에 대해서 비판적인 시각에 휩싸일 수 있다. 특히 주변 사람의 업무나 능력에 대해서 부정적인 판단을 행동에 옮긴다면 관계에도 영향을 미칠 수 있어 주의가 필요하다. 평소 조용한 ISFP는 스트레스 상황에서 자신의 성급한 판단을 알아차릴 필요가 있다.

❤ **ISFP의 스트레스 해소법**

ISFP의 주기능인 감정(F)의 과부하가 발생하며, 열등기능인 사고(T)가 표출되는 상황을 벗어나기 위해 부기능인 감각(S)을 사용해야 한다. 예민해진 감정과 좁은 시야의 부정적인 판단을 멈추고 건강한 방향으로 사용할 수 있는 감각으로 방향을 전환함으로써 내면의 균형을 찾는 것이다.

외향적 감각(Se)은 감각을 자기 외부로 향하는 것이다. 평소 활동적이지 않은 ISFP지만, 밖으로 나가서 활동적으로 체험하는 것이 좋다. 쇼핑이나 운동, 음악회, 영화감상 어떤 것이라도 좋다. 활발하게 내게 좋은 감각을 선물하다 보면 어느새 마음이 풀린 나를 발견할 것이다. 좋은 감각은 과도한 생각을 잠재우고 나의 관심을 스트레스 상황의 과거나 미래가 아닌 감각을 즐기는 현재로 옮겨올 수 있다.

여기에서 주의할 점은 감각에 집중할 때 현재의 문제와 사람에 대한 부정적인 감정은 배제해야 한다는 점이다. 그 사람이 이해되지 않고, 문제를 비판하고 싶은 생각을 내려놓고 즐거운 감각으로 현재를 느끼려고 노력해야 한다. 만약 이것이 어렵다면 다시 괜찮아질 때까지 내가 더 좋아하는 감각을 즐겨보자!

> ❤ 스트레스 상황에서 벗어나기 위해서는 과부하 걸린 주기능과 표출된 열등기능을 내려놓고 자신에게 두 번째로 익숙한 부기능을 사용해야 한다.

에피소드

아침부터 남자친구와 싸우고 출근한 ISFP는 기분이 울적했다. 거기다 오늘은 회사에서 '스트레스 해소' 강의가 있는 날이었다. 기분도 울적한데다 강의까지 들으라니 짜증이 올라왔다.

> **ISFP** 아침부터 무슨 '스트레스 해소' 강의야? 스트레스를 더 받아!
>
> **윤 대리** 그러게, 말이야. 귀찮아 죽겠네!

강사가 감정, 스트레스에 대해서 뭐라 뭐라 한다. 갑자기 난타 채를 나눠주더니 책상 위에 미운 사람 얼굴을 그리며 세게 치라는 것이다. 음악에 맞춰 난타 채를 치다 보니 흥미가 올라왔다. 앞에 나와서 치면 상품권 선물이 있단다. 누가 등을 떠밀지도 않았는데 ISFP가 나갔다. 평소에는 나가지 않았을 텐데 왜 그랬는지 지금 생각해도 모르겠다. 미친 듯이 난타 채로 책상을 내려치니 채가 구부러졌다. 다음은 신문지 찢기라며 두 사람이 양쪽에서 신문지를 잡으면 주먹으로 신문지를 치는 거였다. 찢어지면 반동강이 난 신문지를 다시 쳤다. 어느새 록 음악에 맞춰 신문지를 치는 내 얼굴에 미소가 번졌다. 남자친구 일은 까맣게 잊은 ISFP에게 윤 대리가 강의실을 나오며 물었다.

> **윤 대리** 난타를 엄청나게 잘 치던데?
>
> **ISFP** 하하! 그러게, 말이야! 아침 스트레스 확 날아갔어!

♡ **ISFP 열등기능의 성장**

스트레스 상황에서 외향적 사고(Te)를 경험하고 난 이후, ISFP는 주로 사용하던 감정 이외에 논리적 사고의 중요성을 인지하게 된다.

사고가 열등기능으로 작용했을 때의 왜곡된 시각과 논리와 부정적인 결론을 내리는 성향을 좀 더 건강하게 다룰 수 있게 된다. 예를 들면, 객관적인 사실에 대해 진지하게 고민하고 수용하게 된다. 다른 사람들의 이런 사고에 관한 객관적인 생각이나 판단에 대해 조금이나마 유연하게 바라보는 시야를 가지게 된다. 열등기능의 성장은 감정에 집중하던 ISFP에게 현재 상황을 객관적으로 판단하게 하는 등 다양한 관점에서 문제를 바라보게 한다.

이처럼 주기능, 부기능, 3차기능, 열등기능의 관계는 변하지 않지만, 시간이 지나면서 네 가지 심리기능 사이에 더욱 유연하고 상호보완적인 변화와 통찰이 일어나게 된다. 좋은 일만 있는 것이 아닌 인생에서 우리는 이러한 스트레스 과정을 겪으며 또 한 걸음 성장하는 것이다.

열등기능의 표출로 다른 유형의 성향을 이해하는 계기가 되며 종종 스트레스 상황이 아니더라도 열등기능을 사용하는 성장을 하게 됩니다.

에피소드

강의장을 나가며 윤 대리가 묻는다.

> **윤 대리**   그런데, 오늘 무슨 일 있었어?
>
> **ISFP**   아침에 남자친구랑 싸웠어. 이번에는 정말 헤어져야 하나 별생각이 다 들어.
>
> **윤 대리**   그랬구나. 어쩐지 평소랑 다르더라 했어. 예민해 보이더라고… 원래 넌 예민한 스타일은 아니잖아.
>
> **ISFP**   넌 이럴 땐 어떻게 하니?
>
> **윤 대리**   난 개인적인 일과 업무적인 일은 별개로 생각해. 남자친구랑 싸웠다면 퇴근하고 생각하지. 회사 내에서는 생각 안 하려고 노력해.
>
> **ISFP**   그게 가능해?
>
> **윤 대리**   누군가가 그러더라고…. 집이랑 회사는 30분 이상의 거리에 있어야 한대. 그렇지 않으면 회사에서 받은 스트레스를 집에 가져간대. 그런데 그 말이 맞아! 회사 나오고 30분은 지나야 회사 일이 잊히잖아. 그래서 집과 회사를 논리적으로 분리하려고 노력하고 있어. 어렵지. 그래서 노력해야 해! 그러면 마음이 훨씬 편안해져!

ISFP는 자리로 돌아가며 논리적으로 개인적인 일과 업무적인 일을 분리하는 것에 대해 생각했다.

ISFP를 위한 조언

> " ISFP는
> 활동적인 것을 좋아해요! "

누가 ISFP를 내향인이라고 하나요? ISFP의 부기능은 활동적인 감각을 즐기는 Se(외향적 감각)이랍니다. 그러니, 스트레스받는 일이 있다면 밖으로 나가요. 쇼핑하든지, 친구와 담소를 나누고, 맛집을 찾는 등 당신이 활동하는 만큼 즐거움과 함께 부기능도 따라 성장한다는 것을 알아주세요!

　건강하게 감각을 즐기는 것만큼 행복한 일도 없으니까요!

　오늘은 영화 한 편 어때요?

ISFP

나에게 쓰는 편지

♡ ISFP인 나에게 쓰는 편지

주기능인 Fi(내향적 감정)의 과함이 있었나요?   Fi

주기능

열등기능인 Te(외향적 사고)는 표출되었나요?   Te

열등기능

부기능인 Se(외향적 감각)를 사용해 보셨나요?

최근 있었던 일을 되새기며 나의 마음을 3분 정도 가만히 들여다보고 적어봅니다. 지금의 내 마음을 잘 토닥여 줍니다.

ENFJ

음악 감상러

♥ ENFJ 성격 콘셉트

언변 능숙

리더십

수호천사

인간에
대한 이해

공감과
예측 능력

숨은 뜻
파악

의사소통

직관 발달

♥ ENFJ의 특징

> ENFJ는
> 몽상가적인 특성이 강한
> 커뮤니케이션의 대가이다.

인간에 대한 이해가 높으며 말을 잘하고 특히 의사소통에 탁월한 능력이 있다. 언변과 관련된 업무에서 두각을 나타내며 이런 점은 사람을 변화시키고 협력을 끌어내는 지도자의 역할이 어울리게 한다. 가치 있다고 생각하는 일에 헌신을 마다하지 않기 때문에 종교적이거나 영성에 관련된 직업에도 많은 유형이다. 경쟁적이거나 긴장도가 높은 일반적인 사무직은 적응이 힘든 유형이다. 선호하는 성향도 N(직관)이며 종교적인 직업에 종사자가 많아 모든 정보에 너무 주관적인 의미를 부여하려는 경향이 있다.

♥ 좋고 나쁜 성격은 없다. 이 설명은 해당 유형의 특징이며, 장단점을 의미하는 것이 아님을 참고하자!

❤️ ENFJ 심리구조

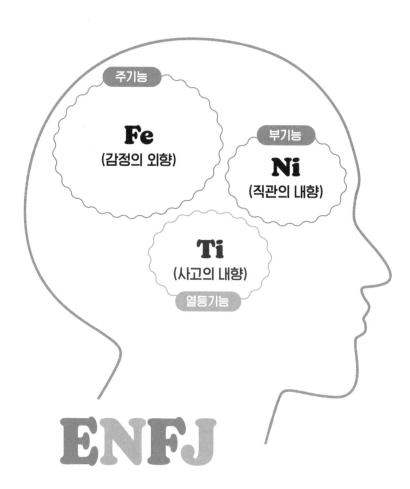

* 주기능

친절의 대명사인 ENFJ 주기능은 F(감정)로 성향이 외향
(e)이므로 감정의 방향은 외부로 향한다. 감정이 외부로 향
한다는 것은 타인과 적극적으로 감정을 교류하고 공감한다
는 의미이다.

* 부기능

주기능이 감정(판단기능)이므로 부기능은 인식기능인 N이
되며 방향도 주기능의 반대인 i(내향)가 된다. Ni(내향적 직
관)는 조용히 자신만의 시간을 가지며 미래의 내적 비전을
정비하는 시간을 갖는 것을 의미한다.

* 열등기능

열등기능은 주기능의 정반대로 Ti(내향적 사고)이다. 일이
나 사람을 논리적으로 판단하는 사고가 내면으로 향한다.
좁은 시각으로 왜곡된 판단을 하거나 혼자 과도하게 일이나
사람에 대한 비판적인 생각에 사로잡히는 것은 내향적 사
고가 열등기능으로 작용한 영향이다.

♥ 주기능은 해당 유형이 가장 선호하고 활발하게 사용하는 기능이며, 부기
능은 주기능을 보조한다. 열등기능은 주기능의 반대인 무의식이다.

♥ **ENFJ의 강약점**

강점

+

탁월한 언변과 카리스마를 겸비하고 조직을 이끄는 기술에 능하다. 고정관념에 얽매이지 않으며 언제나 새로운 시도에 열려있는 자세는 다양한 분야에 관심을 두기에 적당하다. 다양한 정보를 수합해서 큰 그림으로 숨은 뜻을 파악하는 능력이 뛰어나다. 가치 있는 일에 헌신 하는 것을 마다하지 않는데 특히 인간에 대한 순수한 관심이 높다. 그 래서 인간을 탐구하고 도우며, 이끄는 모든 직업에서 강점을 보인다. ENFJ는 사람과 조직을 다루는 일에 가히 천재적인 소질을 보인다.

약점

—

자신의 가치관과 충돌하는 일은 수행하기 힘들다. 갈등을 현명하게 해결하려고 하기보다 덮어버리려는 경향이 있다. 이런 성향은 긴장 감이 높은 상황을 연출할 수 있으며, 이를 견디기 힘들어한다. 다행인 것은 이런 상황이 자주 일어나지는 않는다는 점이다. 사람을 소중하 게 생각하기 때문에 거절이 힘들고 거절에 대한 죄책감을 느낀다. 타 인의 부탁을 모두 수용하니 오지랖이 넓어 보일 수 있다. 발달한 직관 력은 논리적으로 보이지 않을 수 있어 주의가 필요하다.

♥ **ENFJ의** 스트레스 상황

주기능의 과부하

스트레스 상황이 되면 평소에 강점이던 주기능에 과부하가 걸린다. 평소 타인과의 감정교류가 많은 ENFJ는 과도하게 타인의 감정에 집중해 그들의 문제를 자신의 문제처럼 해결하려고 한다. 스트레스 상황에서 이렇게 넓어지는 오지랖은 ENFJ에 심리적인 압박감을 더할 수 있으며, 타인의 문제에 지나치게 관여하는 모습을 보일 수 있어 주의가 필요하다. 스트레스 상황에서 주기능의 과부하가 느껴진다면 잠시 주기능 사용을 중단하는 것이 좋다.

열등기능의 표출

ENFJ의 열등기능은 사고가 내면으로 향하는 Ti이다. 사고가 내부로 향한다는 의미는 혼자 업무나 사람에 관한 판단이나 평가에 집중한다는 의미이다. 잘 사용하지 않는 열등기능은 주기능처럼 나에게 익숙하지 않다. 평소 논리를 자주 사용하지 않는 ENFJ는 객관적인 판단이 어려울 것이다. 좁아진 시각으로 비판적으로 판단하고 과격한 행동으로 이어지는 ENFJ의 열등기능은 인간관계에도 영향을 미칠 수 있어 주의가 필요하다. 평소 상냥한 ENFJ는 스트레스 상황에서 자신의 비판적인 사고와 행동을 알아차릴 필요가 있다.

❤ **ENFJ의** 스트레스 해소법

ENFJ의 주기능인 감정(F)의 과부하가 발생하며, 열등기능인 사고(T)가 표출되는 상황을 벗어나기 위해 부기능인 직관(N)을 사용해야 한다. 평소보다 적극적인 타인과의 감정교류와 비판적인 판단을 멈추고 조용히 내적 비전을 세우는 시간을 갖는 것으로 방향을 전환함으로써 내면의 균형을 찾는 것이다.

내향적 직관(Ni)은 직관을 조용히 나의 내면으로 향하게 하는 것이다. 일차적으로 마음을 차분히 하고 자신이 좋아하는 음악이나 책을 읽으며 생각을 정리하는 시간을 갖는다. 생각을 정리하는 동안 과한 감정과 비판적인 사고는 가라앉는다. 마음이 편안해질 때까지 조용히 나만의 시간을 갖도록 하자! 명상이나 신뢰하는 사람들의 의견을 듣는 것처럼 마음을 가라앉히거나 수용하는 시간을 갖는다.

여기에서 주의할 점은 혼자만의 시간을 가질 때 타인에 대한 감정과 판단을 배제해야 한다는 점이다. 그의 일에 관여하고 싶고, 그 사람의 행동과 말을 판단하는 사고를 내려놓고 평온해지려고 노력해야한다. 만약 이것이 어렵다면 다시 조용히 혼자 있어 보자! 그리고 마음이 가라앉은 후에 다시 시도하자!

> 스트레스 상황에서 벗어나기 위해서는 과부하 걸린 주기능과 표출된 열등기능을 내려놓고 자신에게 두 번째로 익숙한 부기능을 사용해야 한다.

에피소드

ENFJ는 기말고사를 봤다. 정답을 맞추고 나서 믿을 수 없는 현실에 눈이 동그래졌다. 자연스레 짝꿍의 시험지로 눈이 갔다. 친구는 ENFJ를 보고 눈물을 흘리기 시작했다. 깜짝 놀란 ENFJ는 말했다.

> **ENFJ** 어머 왜 그래? 시험 못 봤어?
>
> **친구** 어! 나 어떻게 해?
>
> **ENFJ** 왜 울어? 나도 시험 못 봤어. 괜찮아! 진정해 봐.
>
> **친구** 너 몇 점인데?
>
> **ENFJ** 나? 80점이야!
>
> **친구** 80점이 뭐가 못 봤어! 난 50점인데….
>
> **ENFJ** 다음에 잘 보면 되지! 괜찮아질 거야!
>
> **친구** 한번 나오면 끝인데, 자꾸 괜찮다고만 해! 우리 학교는 다음 학기에 시험이 없어서 이번 성적이 전체 성적이잖아! 안 괜찮다니까!

친구의 과민한 반응에 ENFJ는 당황했다. 내가 답을 알려줬는가? 얘는 대체 왜 이러는지 알 수 없었다.

집에 돌아온 ENFJ는 친구와의 대화를 되새겨 보았다. 속상한 친구에게 내 점수를 말한 것에 대한 후회가 밀려왔다. 시험 성적 때문에 나도 속상한데, 다른 일 하나가 또 생겨 더 속상했다. 좋아하는 음악을 들으며 ENFJ의 속상한 마음을 가만히 들여다 보았다.

♥ **ENFJ 열등기능의 성장**

스트레스 상황에서 내향적 사고(Ti)를 경험하고 난 이후, ENFJ는 주로 사용하던 감정 이외에 객관적 사고의 중요성을 인지하게 된다.

사고가 열등기능으로 작용했을 때의 왜곡된 판단이나 비판적인 생각을 좀 더 건강하게 다룰 수 있게 된다. 예를 들면, 일이나 사람에 대한 객관적인 정보를 통해 논리적으로 판단하는 것을 진지하게 고민하고 수용하게 된다. 다른 사람들의 이런 객관적 사실을 기반으로 한 의견에 대해 조금이나마 유연하게 바라보는 시야를 가지게 된다.

열등기능의 성장은 타인의 감정에 집중하던 ENFJ에게 객관적인 시각으로 세상을 바라보는 관점에 대해 눈을 뜨게 해 다양한 관점에서 문제를 바라보게 한다.

이처럼 주기능, 부기능, 3차기능, 열등기능의 관계는 변하지 않지만, 시간이 지나면서 네 가지 심리기능 사이에 더욱 유연하고 상호보완적인 변화와 통찰이 일어나게 된다. 좋은 일만 있는 것이 아닌 인생에서 우리는 이러한 스트레스 과정을 겪으며 또 한 걸음 성장하는 것이다.

> 열등기능의 표출로 다른 유형의 성향을 이해하는 계기가 되며 종종 스트레스 상황이 아니더라도 열등기능을 사용하는 성장을 하게 됩니다.

에피소드

이번 일을 겪으며 ENFJ는 '감정에 대한 공감을 적당히만 했어도 친구와 그런 일까지는 없었을텐데…' 하는 아쉬움도 밀려왔다. 그렇다면, 다음에 이런 일이 있다면 어떻게 행동하면 좋을지 객관적으로 판단해 봤다. 생각이 잘 정리되지 않아 노트에 적어보았다.

① 시험 성적은 되도록 공유하지 않는다.
② 공유해도 대략적인 점수로 이야기한다.
③ 시험을 못 봤다고 우는 친구에게는 슬픈 감정을 토해낼 시간을 준다.
④ 나와 네가 같다는 표현은 자제한다.

ENFJ는 객관적인 판단형은 아니지만 다음에는 친구의 마음을 속상하지 않게 더 잘 할 수 있을거라 생각하며 뿌듯함이 올라왔다.

늘 그렇지만 인생은 경험을 통해 배우는 것이 참 많다.

♥ ENFJ를 위한 조언

> ## 가끔은
> ## 공감하지 않아도 좋아요. ”

공감 잘하는 ENFJ는 늘 상대방의 마음을 알아차리려고 노력해요. 그러나 그것이 간혹 과할 때가 있어요.

가끔은 그 사람이 화내거나 슬퍼하는 것을 기다려주세요. 가만히 기다리며 내 마음에 올라오는 내향적 직관을 느껴주세요. 그렇게 기다려준다면 상대방이 고마움을 느낄 거예요.

인생은 늘 그렇지는 않지만, 위로되지 않는 일도 종종 있답니다. 그런 일이 일어나지 않는 것이 최상이지만, 생각처럼 되지 않는 것이 또한 인생이기 때문이죠.

기다림이 최고의 공감일 때를 알아차려 주세요!

ENFJ

나에게 쓰는 편지

❤ ENFJ인 나에게 쓰는 편지

주기능인 Fe(외향적 감정)의 과함이 있었나요?

Fe

주기능

열등기능인 Ti(내향적 사고)는 표출되었나요?

Ti

열등기능

부기능인 Ni(내향적 직관)를 사용해 보셨나요?

최근 있었던 일을 되새기며 나의 마음을 3분 정도 가만히 들여다보고 적어봅니다. 지금의 내 마음을 잘 토닥여 줍니다.

INFJ

감정 표현러

♥ INFJ 성격 콘셉트

아이디어

예언자

꼼꼼하지
못한

공감

큰 그림의
통찰력

현실성
부족

완벽주의

몽상가

⚘ INFJ의 특징

> INFJ는
> 자기 세계가 있는
> 예언자 유형이다.

INFJ는 늘 내면세계를 탐구한다. 이 때문에 내면세계가 복잡하고 생각이 많다. 이들은 '어떻게 살 것인가?' 같은 영성, 죽음, 삶의 본질에 대해 고민한다. 자신의 복잡한 내면을 글이나 예술 작품으로 표현하는 것을 선호한다. 또한 인간의 이면이 잘 보여 사람에 대한 촉이 있다. 다른 사람의 감정에 대한 공감대가 높으며 INFJ 안에는 또 다른 내가 너무도 많다. 새로운 아이디어로 사람들의 성장과 발전을 도울 수 있는 일을 선호한다. 완벽주의자인 이들은 자기 아이디어를 다듬고 준비할 수 있는 충분한 시간을 원한다. 자기를 표현하고 통찰의 결과를 확인하는 일에 적합하다.

> ♥ 좋고 나쁜 성격은 없다. 이 설명은 해당 유형의 특징이며, 장단점을 의미하는 것이 아님을 참고하자!

❤ INFJ 심리구조

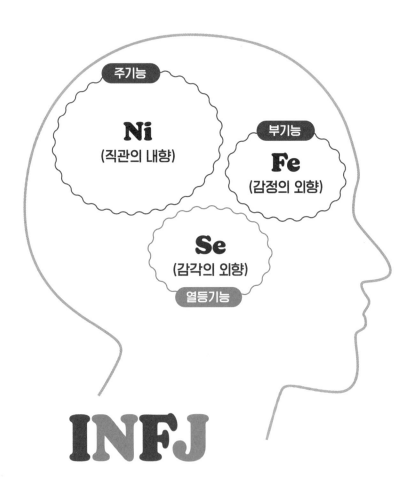

* 주기능

INFJ의 주기능은 N(직관)으로 성향이 내향(i)이므로 직관의 방향은 자기 내면으로 향한다. 직관이 내면으로 향한다는 것은 업무나 사람을 틀에 박히지 않고 다양한 관점에서 바라볼 수 있는 다양한 시각을 가진다는 의미이다.

* 부기능

주기능이 직관(인식기능)이므로 부기능은 판단기능인 F가 되며 방향도 주기능의 반대인 e(외향)가 된다. Fe(외향적 감정)는 주변 사람들과 감정을 공유하거나 자신의 부정적 감정을 밑바닥까지 표현해 털어내는 것을 의미한다.

* 열등기능

열등기능은 주기능의 정반대로 Se(외향적 감각)이다. 현재의 즐거움을 추구하는 감각이 외부로 향한다. 주변의 소소한 사실에 과도하게 집착하고 쾌락에 빠진다. 이러한 즉흥적인 행동에 대해 추후 후회하거나 자책하는 모습은 외향적 감각이 열등기능으로 작용한 영향이다.

> 주기능은 해당 유형이 가장 선호하고 활발하게 사용하는 기능이며, 부기능은 주기능을 보조한다. 열등기능은 주기능의 반대인 무의식이다.

⊙ INFJ의 강약점

강점

— **Strengths**

아이디어가 많으며 독창적인 창의력을 가진다. 완벽주의에 자기 목표를 달성하려는 욕구가 강하다. 이들은 가치 있다고 믿는 일에 깊이 헌신하는 자세를 가진다. 공감 능력이 뛰어나 타인의 요구를 예측하는 예언자 능력을 갖춘다. 큰 그림을 보는 통찰력은 어느 성격유형보다 뛰어나다. 이런 통찰력을 이용해서 개인이 성장하도록 돕는 일에 만족감을 느낀다. 일에 대한 집중력이 뛰어나 효율성이 높은 편이다.

약점

— **Weaknesses**

공상에 빠져있는 시간이 많아 현실성이 떨어지는 경향이 있다. 빠르게 진행해야 하거나 시간제한이 있는 업무에 대해 어려움을 겪는다. 자기 공상과 이해한 복잡한 개념을 단순하게 표현하는 것을 어려워한다. 이미 세운 계획에 대해서는 변화에 대한 거부감이 있다. 이런 측면에서 변화에 대한 유연성이 떨어진다. 큰 그림을 보는 통찰력을 가지다 보니 세부 사항에 대해 꼼꼼함은 부족할 수 있다.

⦿ INFJ의 스트레스 상황

주기능의 과부하

스트레스 상황이 되면 평소에 강점이던 주기능에 과부하가 걸린다. 평소 직관에 따라 인식하던 INFJ는 직관력이 강해져 자기가 인식한 내용에 관한 판단에 오만한 편견을 가지게 되며 평소보다 더 집중하게 된다. 이러한 스트레스 상황에서는 직관의 단점이기도 한 객관성을 잃어버리고 평소보다 말수가 더 줄어들며 자기 세계에 빠져 비현실적인 결정을 할 수 있어 주의가 필요하다. 스트레스 상황에서 주기능의 과부하가 느껴진다면 잠시 주기능 사용을 중단하는 것이 좋다.

열등기능의 표출

INFJ의 열등기능은 감각이 외부로 향하는 Se이다. 감각이 외부로 향한다는 의미는 주변 환경의 청소나 점검 리스트, 보고서의 오류 등 사실적인 정보에 대해 강박적인 증상을 보인다는 의미이다. 잘 사용하지 않는 열등기능은 주기능처럼 나에게 익숙하지 않다. 평소 감각을 자주 사용하지 않는 INFJ는 건강하게 감각을 느끼는 것이 어려울 것이다. 과도하게 감각에 집착해 쾌락으로 이어지는 INFJ의 열등기능은 일상생활을 무너뜨릴 수 있어 주의가 필요하다. 평소 오픈 마인드인 INFJ는 스트레스 상황에서 자신이 과도하게 집착하는 감각 정보에 대해 알아차릴 필요가 있다.

♥ **INFJ의 스트레스 해소법**

INFJ의 주기능인 직관(N)의 과부하가 발생하며, 열등기능인 감각(S)이 표출되는 상황을 벗어나기 위해 부기능인 감정(F)을 사용해야 한다. 자기 세계에 빠지거나 세부적인 감각에 관한 집착을 버리고 건강하게 사용할 수 있는 감정으로 방향을 전환함으로써 내면의 균형을 찾는 것이다.

외향적 감정(Fe)은 감정을 나의 외부로 표현하는 것이다. 일차적으로 마음을 차분히 하고 신뢰하는 사람들과 자신의 감정을 나누며 부정적인 생각과 주변 환경에 대한 까칠한 반응을 잠재운다. 이때 자신의 감정을 바닥까지 격렬하게 내뿜어 보는 것도 좋다.

여기에서 주의할 점은 감정을 표현할 때 그 사람과 주변에 대한 부정적인 생각과 느낌은 배제해야 한다는 점이다. 모든 사람이 틀린 것 같고, 하나같이 마음에 들지 않는 주변에 대한 시각을 내려놓고 나의 감정표현에 집중하려고 노력해야 한다. 만약 이것이 어렵다면 전문가의 도움을 받아 표현하는 것도 나쁘지 않다. 그렇게 감정표현으로 마음을 비워내려고 노력하자!

♥ 스트레스 상황에서 벗어나기 위해서는 과부하 걸린 주기능과 표출된 열등기능을 내려놓고 자신에게 두 번째로 익숙한 부기능을 사용해야 한다.

에피소드

INFJ는 최근에 너무 극심한 스트레스 상황으로 지인의 추천을 받아 집단 상담실을 찾았다. 낯빛이 어두운 수십 명의 사람이 모여 앉아 있었다. 화를 다스리는 이 상담실은 사람들이 한바탕 크게 울고 간다고 했다. 슬픈 음악이 흐르고 윤 상담사는 사람들에게 크게 소리 지르며 울어보라고 했다. 산기슭에 자리 잡은 상담실은 한 사람의 대성통곡으로 쩌렁쩌렁 울리기 시작했다. 한두 사람이 울기 시작한다. 당황스러워하는 INFJ에게 윤 상담사가 다가온다.

> **윤 상담사** 크게 심호흡하고 인생에서 가장 슬펐던 일을 떠올리세요! 이럴 때가 아니면 미친놈처럼 언제 울어보겠습니까?
>
> **INFJ** (당황스러워하며) 네?

생각해 보니 그랬다. 층간소음으로 집에서는 마음껏 소리 한번 지르지 못했다. '밑져야 본전이다' 싶어 키우던 고양이가 별나라로 갔던 그때를 떠올렸다. 당황스럽게 눈물이 나오기 시작한다. 느껴지는 감정보다 격하게 표현하려고 노력했다. 대성통곡을 시작했던 사람에게 질세라 더 크게 소리를 내 울기 시작했다. 그렇게 30분 정도 지난 것 같다. 모두의 울음이 잦아들고 그 자리에 앉아 편안하게 눈을 감았다. 이상했다. 미친놈처럼 끄억끄억 울고 나니 속이 후련했다. 격했던 감정도 잦아들고 마음이 평온해지는 것을 느낄 수 있었다.

♡ INFJ 열등기능의 성장

스트레스 상황에서 외향적 감각(Se)을 경험하고 난 이후, INFJ는 주로 사용하던 직관 이외에 감각의 중요성을 인지하게 된다.

감각이 열등기능으로 작용했을 때의 주변 환경에 대해 민감함과 쾌락의 집중을 좀 더 건강하게 다룰 수 있게 된다. 예를 들면, 인간으로서 느끼는 오감의 즐거움으로 현재를 느끼는 것을 진지하게 고민하고 수용하게 된다. 다른 사람들의 이러한 인생을 즐기는 행동에 대해 조금이나마 유연하게 바라보는 시야를 가지게 된다.

열등기능의 성장은 자기 내면에 집중하던 INFJ에게 현재를 즐기는 감각 세계를 보여주는 등 다양한 관점에서 문제를 바라보게 한다.

이처럼 주기능, 부기능, 3차기능, 열등기능의 관계는 변하지 않지만, 시간이 지나면서 네 가지 심리기능 사이에 더욱 유연하고 상호보완적인 변화와 통찰이 일어나게 된다. 좋은 일만 있는 것이 아닌 인생에서 우리는 이러한 스트레스 과정을 겪으며 또 한 걸음 성장하는 것이다.

열등기능의 표출로 다른 유형의 성향을 이해하는 계기가 되며 종종 스트레스 상황이 아니더라도 열등기능을 사용하는 성장을 하게 됩니다.

에피소드

실컷 울고 난 INFJ는 울면서 자신의 감정뿐 아니라 감각도 느낄 수 있었다. '꺼이꺼이' 우는 주변 사람들의 울음소리 그리고 그들의 격렬한 몸의 움직임과 함께 그들의 표정까지 강하게 다가왔다. 나의 울음과 함께 모든 것이 얽히는 듯했다. 그들의 땀과 내 땀, 그리고 눈물까지 섞이는 것 같아 처음에는 불쾌함이 올라왔다. 그러다 넋 놓고 우는 INFJ는 모든 생각을 내려놓을 수 있었다.

서로 얽히고설켜서 울다 나중에는 껴안고 위로해주는 동안 그 땀과 눈물이 범벅이 된 그들과 INFJ는 하나가 되었다. 무엇이 그렇게 서럽고 무엇이 그렇게 슬픈지 다들 사연은 제각각이겠지만 지금, 이 순간 하나가 된 느낌은 전혀 다른 세상이었다.

성향의 독특함으로 꽤 외로운 INFJ의 삶에 오롯이 기억에 남을 만큼 독특한 경험이었다. 다른 사람과 함께 하며 감각을 느끼는 것을 진하게 경험한 INFJ는 앞으로 이렇게까지 강렬하지 않더라도 간혹 타인과 함께하는 무엇인가를 하며 살아야겠다는 생각이 들었다.

세상에는 나 혼자만이 아니었다.

⊙ INFJ를 위한 조언

" 가끔은 있는 그대로의
감정을 표현해요. "

이유 있는 감정표현은 히스테리컬해요.

진짜로 화가 나서 분노를 표현한다든지, 슬퍼서 꺼이꺼이 운다든지, 너무 기뻐서 심하게 웃어댄다든지 하는 것은 반복하면 감정 기복이 심해져 정서적으로 불안할 수 있어요.

하지만 아무 이유 없이 극한의 감정을 표현하는 것은 내 안의 쓰레기를 버린 것 같은 느낌을 받아요. 집에서 인형을 붙들고 슬픈 영화를 보다 격렬하게 울어봐요! 그것이 내 마음의 평화를 찾아줄 수도 있다는 것을 알아차린다면 당신은 한 발 성장한 거랍니다.

INFJ

나에게 쓰는
편지

⊙ INFJ인 나에게 쓰는 편지

주기능인 Ni(내향적 직관)의 과함이 있었나요?

Ni
주기능

열등기능인 Se(외향적 감각)는 표출되었나요?

Se
열등기능

부기능인 Fe(외향적 감정)를 사용해 보셨나요?

최근 있었던 일을 되새기며 나의 마음을 3분 정도 가만히 들여다보고
적어봅니다. 지금의 내 마음을 잘 토닥여 줍니다.

ENFP

나홀로 명상러

♥ ENFP 성격 콘셉트

창의적인

통찰력

타인 파악

일상 반복
어려움

매일을
새날같이

호기심
가득한

열정 과다

동기부여

⊙ **ENFP의 특징**

> ENFP는
> 독립적으로 일하는 것을
> 선호하는 유형이다.

ENFP는 E의 성향이 있어 함께 일하는 것을 좋아할 거로 생각한다. 그러나 독립적인 것을 더 선호한다. 자기 상상의 세계를 다른 사람에게 설득하는 과정은 많은 에너지를 소모하게 만들어서 처음부터 함께하는 것보다 어느 정도 틀과 성과가 나온 상태에서 타인과 협력하는 편이 낫다. ENFP의 또 다른 특성은 준비를 완벽하게 하고 시작하지 않고 바로 시작한다는 점이다. 다른 이들이 보기에 불완전하게 일하는 것처럼 보일 수 있지만, 구체화하지 않고 시작하는 것은 중간중간의 상상력을 더해 창조적인 결과물을 얻을 수 있게 한다.

> 좋고 나쁜 성격은 없다. 이 설명은 해당 유형의 특징이며, 장단점을 의미하는 것이 아님을 참고하자!

⚛ ENFP 심리구조

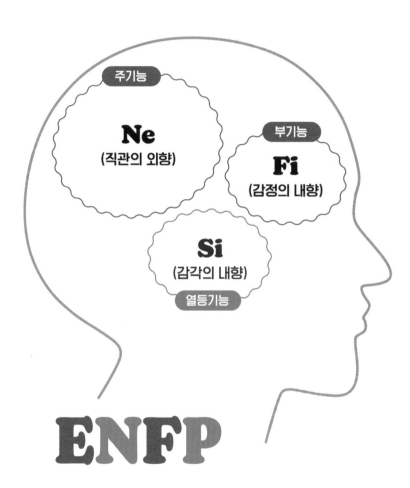

주기능

Ne
(직관의 외향)

부기능

Fi
(감정의 내향)

Si
(감각의 내향)

열등기능

ENFP

* 주기능

ENFP의 주기능은 N(직관)으로 성향이 외향(e)이므로 직관의 방향은 외부로 향한다. 직관이 외부로 향한다는 것은 일이나 사람, 미래에 대해서 모든 가능성을 열어두고 상황이나 변화에 대해 긍정적으로 생각한다는 의미이다.

* 부기능

주기능이 직관(인식기능)이므로 부기능은 판단기능인 F가 되며 방향도 주기능의 반대인 i(내향)가 된다. Fi(내향적 감정)는 ENFP의 활발함과 열정을 내려놓고 조용히 자기 내면을 바라보는 시간을 갖는 것을 의미한다.

* 열등기능

열등기능은 주기능의 정반대로 Si(내향적 감각)이다. Si가 열등기능으로 작용하면 사소한 것에 집착하며, 소소한 실수에 분노한다. 평소 현실적이지 않은 ENFP가 주변 환경에 대해 민감하게 반응한다면 내향적 감각이 열등기능으로 작용한 영향이다.

주기능은 해당 유형이 가장 선호하고 활발하게 사용하는 기능이며, 부기능은 주기능을 보조한다. 열등기능은 주기능의 반대인 무의식이다.

⊙ **ENFP의 강약점**

강점

——————————————————————— **Strengths**

창의적인 업무에서 열정과 희열을 느끼는 유형으로 '무에서 유를 창조'하는 과정을 즐긴다. 영감에서 얻은 상상의 세계를 현실로 끌어내는 과정을 좋아한다. ENFP는 자기 생각이나 의견을 적극적으로 표현하는 것을 즐기며 자신의 열정이 넘쳐나 다른 사람의 열정에도 불을 댕기는 재능이 있다. 또한 사람을 보는 통찰력이 있어 타인의 요구와 동기를 파악하는 능력이 있다.

약점

——————————————————————— **Weaknesses**

열정은 파워풀한 힘이다. 그래서 지속하기는 힘들다. ENFP는 어떤 일에 열정이 생기면 바로 시작하지만, 마무리까지 이 에너지를 가져가기 힘들다. 창의적이지 않고 반복적인 일을 견디기 힘들며 틀에 박힌 것을 싫어한다. ENFP가 일의 마무리가 어려운 것은 한 번에 여러 가지 일을 하려는 경향 때문이기도 하다. 여러 가지 일을 한꺼번에 벌이다 보니 중간쯤 되면 방전상태가 된다. 그래서인지 세부적인 사항을 챙기는 것을 힘들어한다.

♥ **ENFP의 스트레스 상황**

주기능의 과부하

스트레스 상황이 되면 평소에 강점이던 주기능에 과부하가 걸린다. 평소 긍정적이며 오픈 마인드인 ENFP는 직관력이 지나쳐 무분별한 아이디어를 쏟아낸다. 이러한 모든 아이디어를 지나치게 긍정적으로 받아들여 어떤 것도 결정할 수 없게 된다. 하나를 마무리하지 않고, 다른 일을 시작하는 등 얇고 무분별하게 많은 일을 벌여 놓을 수 있어 주의가 필요하다. 스트레스 상황에서 주기능의 과부하가 느껴진다면 잠시 주기능 사용을 중단하는 것이 좋다.

열등기능의 표출

ENFP의 열등기능은 감각이 내부로 향하는 Si이다. 감각이 내부로 향한다는 의미는 소소한 실수에 강박적이고 괴팍한 반응을 보인다는 의미이다. 잘 사용하지 않는 열등기능은 주기능처럼 나에게 익숙하지 않다. 평소 감각을 잘 사용하지 않는 ENFP는 건강하게 감각을 느끼는 것이 어려울 것이다. 이러한 열등기능은 낙관적인 ENFP의 모습보다 내면에 집중하면서 우울한 모습으로 변할 수 있어 주의가 필요하다. 평소 낙천의 대명사인 ENFP는 스트레스 상황에서 감각 정보에 대해 자신이 과도하게 문제를 확대해서 해석하는 경향을 알아차릴 필요가 있다.

♥ ENFP의 스트레스 해소법

ENFP의 주기능인 직관(N)의 과부하가 발생하며, 열등기능인 감각 (S)이 표출되는 상황을 벗어나기 위해 부기능인 감정(F)을 사용해야 한다. 쏟아지는 새로운 아이디어와 주변 환경에 대해 까다로움을 멈추고 건강하게 사용할 수 있는 감정으로 방향을 전환함으로서 내면의 균형을 찾는 것이다.

내향적 감정(Fi)은 감정을 나의 내면으로 향하게 하는 것이다. 일차적으로 마음을 차분히 하고 나의 내면을 들여다보며 자기감정이 어떤지 살피며 과도한 직관으로 인한 불안감과 감각으로 인한 까칠함을 잠재운다. 시간이 지나 마음이 조금 편안해졌다면 주변 사람의 의견을 편안하게 들어보자!

여기에서 주의할 점은 감정을 사용할 때 평소처럼 먼저 말하고 싶고 표현하고 싶은 것은 자제해야 한다는 점이다. 미래의 불안감과 주변 환경에 대한 강박적인 반응을 내려놓고 나의 감정에만 집중하려고 노력해야 한다. 만약 이것이 어렵다면 다시 괜찮아질 때까지 조용히 혼자 시간을 보내자. 그리고 마음이 가라앉은 후에 다시 주변인과의 대화를 시도하자!

> 스트레스 상황에서 벗어나기 위해서는 과부하 걸린 주기능과 표출된 열등기능을 내려놓고 자신에게 두 번째로 익숙한 부기능을 사용해야 한다.

에피소드

ENFP는 평소와 다르게 이번 휴가는 집에서 보낼 예정이다. 늘 친구에게 둘러싸인 ENFP가 혼자 시간을 보내려고 마음먹은 이유는 최근에 인간관계에서 오는 스트레스가 심했기 때문이다.

회사 실적이 늘 우수한 ENFP를 시기하는 정 대리가 스트레스의 원인이었다. 무시하려고 노력했는데 이번에 정 대리의 행동은 선을 넘었다. 문제가 생기면 EFNP는 이러저러하게 관계적인 문제를 해결하기 위해 고군분투했지만, 이번에는 달랐다. 실적이 정 대리가 더 낮게 나오기 전까지 문제는 해결의 기미가 보이지 않을 것 같았다. 그렇다고 일부러 져줄 수는 없는 노릇이었다.

오후 늦게까지 푹 자고 일어난 ENFP는 조용히 혼자만의 시간을 가졌다. 아무도 방해하지 않는 이 시간이 행복했다. 혼자의 시간이 편안하게 느껴질 때면 ENFP는 자신이 외향(E)이 아닌 내향(I)인 것처럼 느껴졌다.

저녁 먹고 난 후에는 유튜브의 힐링 음악 채널을 켰다. 종일 이렇게 혼자 가만히 있으니, 평소 사람들에게 빼앗겼던 기를 보충하는 느낌이 들었다. 가만히 나만의 생각에 집중하는 것이 얼마 만인지 기억나지 않았다. 나를 들여다보니 나를 사랑하고 보듬는 느낌이 들었다. 이 시간이 좋다.

♥ **ENFP 열등기능의 성장**

스트레스 상황에서 내향적 감각(Si)을 경험한 후, ENFP는 주로 사용하던 직관 이외에 눈에 보이는 감각의 중요성을 인지하게 된다.

감각이 열등기능으로 작용했을 때 주변의 소소한 실수가 정리되지 않은 것에 대한 민감함을 좀 더 건강하게 다룰 수 있게 된다. 예를 들면, 주변 정리나 청소 등 생활의 기본이 되는 것에 대해 진지하게 수용한다. 또한, 이전에는 과하다고 생각했던 다른 사람들의 주변 환경에 대한 태도에 대해서 조금이나마 유연하게 바라보는 시야를 가지게 된다.

열등기능의 성장은 과거나 미래에 있는 ENFP의 시각을 현재로 불러오는 역할을 하며 이는 또한 지금을 즐길 수 있는 'Here and Now'를 느끼게 한다.

이처럼 주기능, 부기능, 3차기능, 열등기능의 관계는 변하지 않지만, 시간이 지나면서 네 가지 심리기능 사이에 더욱 유연하고 상호보완적인 변화와 통찰이 일어나게 된다. 좋은 일만 있는 것이 아닌 인생에서 우리는 이러한 스트레스 과정을 겪으며 또 한 걸음 성장하는 것이다.

> 열등기능의 표출로 다른 유형의 성향을 이해하는 계기가 되며 종종 스트레스 상황이 아니더라도 열등기능을 사용하는 성장을 하게 됩니다.

에피소드

ENFP는 어린 시절부터 정리를 모르고 살았다. 정리·정돈되어 있는 책상은 ENFP와 어울리지 않는 것처럼 답답하게 느껴졌다.

그러나 스트레스 상황에서 다른 사람이 어질러놓은 물건 하나하나가 ENFP의 예민함을 자극하는 것을 느낀 후 평소 정리의 필요성을 느꼈다. 일차적으로 스트레스가 느껴지면 사용하지 않는 물건을 정리해서 버리는 습관을 들였다.

정리 프로그램에서 1년 이상 사용하지 않는 물건은 버리는 것이 맞는다는 이야기를 들은 적이 있다. ENFP는 하루에 10분 정도를 정리하는 데 시간을 보냈다. 그렇게 한 달쯤 지나고 주변 환경이 몰라보게 깔끔해진 것을 느낄 수 있었다.

주변을 정리하니 업무가 밀리는 마감 시일에도 스트레스가 덜했다. 이러한 변화를 겪고 난 이후에 ENFP는 생각이 달라졌다. 평소 생활하며 무심히 생략하고 소홀했던 주변 환경 정리가 어찌 보면 인생사에서 가장 기본이면서 중요한 것일 수 있겠다는 생각이 들었다.

늘 마감 이후의 미래 시점에 가 있던 ENFP의 시야가 현재의 지금으로 당겨졌다.

❤ ENFP를 위한 조언

" 나만의 시간이
꼭 필요해요! "

평소 외부로 끊임없이 에너지를 사용하는 ENFP는 나의 내면을 들여다보는 시간으로 에너지를 충전합니다. 그래서 자기만의 시간이 꼭 필요해요.

'명상'이라고 거창하게 이야기할 필요는 없답니다. 스트레스가 많을 때는 푹 자고 일어나요! 그러다 혼자 멍 때리는 시간을 가져보고 조용한 힐링 음악을 틀어놓고 가만히 있는 것도 좋습니다. 종교가 있다면 기도하는 것도 명상의 일종이랍니다. 그리고 가능하다면, 초를 켜고 내 머릿속 생각을 내려놓는 연습을 해봐요!

나만의 내면에 집중하는 부기능은 이렇게 세월이 흐르면서 나름의 노하우를 가지게 되니 나만의 시간을 가지도록 노력하세요!

ENFP

나에게 쓰는 편지

♥ ENFP인 나에게 쓰는 편지

주기능인 Ne(외향적 직관)의 과함이 있었나요?

Ne
주기능

열등기능인 Si(내향적 감각)는 표출되었나요?

Si
열등기능

부기능인 Fi(내향적 감정)를 사용해 보셨나요?

최근 있었던 일을 되새기며 나의 마음을 3분 정도 가만히 들여다보고 적어봅니다. 지금의 내 마음을 잘 토닥여 줍니다.

INFP

새로운 활동러

♥ INFP 성격 콘셉트

카운셀러

집중력

일도
취미처럼

로맨티스트

고정관념을
깨는

게을러도
가능한

인간적인

예술적인

⚬ INFP의 특징

> INFP는
> 몽상가적인 특성이 강한
> 예술가 유형이다.

아이디어와 탐구 능력은 뛰어나지만, 그것을 행동으로 옮기는 것보다 상상 자체를 즐긴다. 간혹 사람들이 '게으르다'라고 말하기도 하지만, 실상 그들은 자신이 행동하기 이전에 훨씬 더 많은 시간을 생각하는데 소요한다. 그러니 더 정확하게 표현하자면 '게으르다'기 보다 '상상의 나래를 펼치는' 공상에 에너지를 더 많이 소모하니 실제로 움직일 수 있는 에너지가 줄어드는 셈이다. 그리고 순수예술가적인 성향이 있어 일이 얼마나 걸릴지에 대해 명확하게 인지하지 못한다. 타고난 이상주의자이며 세부적인 일을 마무리하는 능력이 부족하다.

♥ 좋고 나쁜 성격은 없다. 이 설명은 해당 유형의 특징이며, 장단점을 의미하는 것이 아님을 참고하자!

◉ INFP 심리구조

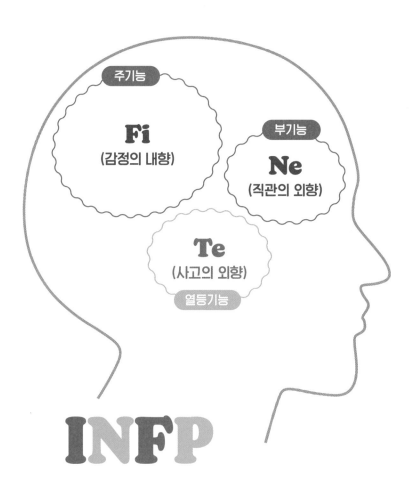

주기능
Fi
(감정의 내향)

부기능
Ne
(직관의 외향)

Te
(사고의 외향)
열등기능

INFP

* 주기능

INFP의 주기능은 F(감정)로 성향이 내향(i)이므로 감정의 방향은 내면으로 향한다. 감정이 내면으로 향한다는 것은 평소 온화하고 부드러운 INFP는 타인에게 감정이입을 잘한다는 의미이다.

* 부기능

주기능이 감정(판단기능)이므로 부기능은 인식기능인 N이 되며 방향도 주기능의 반대인 e(외향)가 된다. Ne는 평소 하지 않던 새로운 활동이나 사람 등 새로운 경험으로 새로운 가능성을 보고자 노력하는 것을 의미한다.

* 열등기능

열등기능은 주기능의 정반대로 Te(외향적 사고)로 논리의 방향이 외부로 향한다는 의미이다. 왜곡된 사고로 모든 상황이나 사람에 대해 시야가 좁아지고 부정적인 결론을 내리는 것은 외향적 사고가 열등기능으로 작용한 영향이다.

주기능은 해당 유형이 가장 선호하고 활발하게 사용하는 기능이며, 부기능은 주기능을 보조한다. 열등기능은 주기능의 반대인 무의식이다.

⊙ INFP의 강약점

강점

Strengths

인간관계를 중시하며 인간을 이해하는 능력이 있어 인간의 이면을 보는 안목이 있다. 이 때문에 사람들의 요구 사항과 동기에 민감하며 상호소통이 원활하다. 방향과 속도를 빠르게 조정하는 능력이 뛰어나 재치 있는 대답이나 응대에 좋은 감각이 있다. 온정적이고 조용하며 자신이 지향하는 일에는 정열적이며 집중력이 뛰어나다. 혼자 일하는 것에 더 익숙하며, 고정관념을 깨고 새로운 가능성에 탐구하는 것을 좋아한다.

약점

Weaknesses

객관적인 분석이나 어떤 일에 대한 구조화를 어려워한다. 타고난 몽상가로 비현실적이라는 것 또한 단점일 수 있다. 행동보다 반성에 더 많은 시간을 소요하는 INFP는 아무래도 생각을 실행하는데 다른 성격유형에 비해 많은 에너지가 필요하다. 경직된 구조나 사고가 경직된 사람을 견디기 힘들어한다. 모든 일에 마무리가 약하다. 판에 박힌 일을 싫어한다.

♥ INFP의 스트레스 상황

주기능의 과부하

스트레스 상황이 되면 평소에 강점이던 주기능에 과부하가 걸린다. 평소 온화하고 다정하며 타인의 감정을 잘 알아차리는 INFP는 타인의 감정에 너무 과민하게 반응하는 예민한 상태가 된다. 또한, 평소보다 더 말이 없어지며 더욱 소극적으로 되면서 업무나 사람 관계에서 해결해야 할 부분을 회피할 수 있어 주의가 필요하다. 스트레스 상황에서 주기능의 과부하가 느껴진다면 잠시 주기능 사용을 중단하는 것이 좋다.

열등기능의 표출

INFP의 열등기능은 사고가 외부로 향하는 Te다. 사고가 외부로 향한다는 의미는 평소보다 좁은 시각으로 일이나 사람을 부정적으로 판단하고 비평한다는 의미이다. 잘 사용하지 않는 열등기능은 주기능처럼 나에게 익숙하지 않다. 평소 논리를 자주 사용하지 않는 INFP는 성급한 판단을 과감하게 행동으로 옮기거나 타인이나 일에 대해서 비판적인 시각에 휩싸일 수 있다. 특히 주변 사람의 업무나 능력에 대해서 부정적인 판단을 행동에 옮긴다면 관계에도 영향을 미칠 수 있어 주의가 필요하다. 평소 조용한 INFP는 스트레스 상황에서 자신의 성급한 판단을 알아차릴 필요가 있다.

⊙ **INFP의 스트레스 해소법**

INFP의 주기능인 감정(F)의 과부하가 발생하며, 열등기능인 사고(T)가 표출되는 상황을 벗어나기 위해 부기능인 직관(N)을 사용해야 한다. 예민해진 감정과 비판적인 사고를 멈추고 건강하게 사용할 수 있는 직관으로 방향을 전환함으로써 내면의 균형을 찾는 것이다.

외향적 직관(Ne)은 직관을 나의 외부로 향하게 하는 것이다. 미래의 가능성을 열어두고 새로운 아이디어를 흡수함으로써 감정적인 예민함과 부정적인 사고를 잠재운다. 새로운 경험이나 새로운 장소를 찾아 새로운 사람을 만나보자!

여기에서 주의할 점은 직관으로 생각하고 행동하려고 노력할 때 그 문제와 사람에 대한 감정과 판단은 배제해야 한다는 점이다. 좋지 않은 감정과 함께 비판적인 생각을 내려놓고 미래의 새로운 생각과 아이디어에 집중하려고 노력해야 한다.

만약 이것이 어렵다면 다시 괜찮아질 때까지 새로운 경험을 그냥 즐기자. 그리고 마음이 가라앉은 후에 다시 미래의 가능성과 새로운 비전에 대해 고민하자!

> 스트레스 상황에서 벗어나기 위해서는 과부하 걸린 주기능과 표출된 열등기능을 내려놓고 자신에게 두 번째로 익숙한 부기능을 사용해야 한다.

에피소드

이번 주에 학교 기말고사가 끝난 INFP는 시험이 끝나자마자 여행을 떠났다. 늘 그런 건 아니지만 무작정 떠난 여행에서 뜻밖의 일을 경험했을 때의 느낌은 어떤 것도 대체할 수 없는 묘한 쾌감을 제공한다. 이번에는 바이크를 타고 발길 닿는 곳으로 여행하기로 했다.

바이크로 달리다 보니 어느덧 저녁노을이 붉게 내리고 있었다. 노을의 아름다운 색상을 머금은 공기가 헬멧 안까지 들어오는 느낌이었다. 시험을 그렇게 열심히 준비한 것은 아니었지만, 이렇게 한 학기가 또 끝남을 자축하는 것이다.

언젠가 시기가 지나간 후에 이 시기를 열심히 살았음을 또 회상할 수 있겠지! 오늘도 열심히 보낸 나의 마음을 쓰다듬으며 칭찬한다.

> **INFP**　　잘했다! 잘했다! 정말 잘했다!

이번 기말고사는 유독 힘이 들었다. 우등생을 목표로 하는 INFP는 아니지만, 아르바이트 막달과 때맞추어 내주신 교수님의 리포트 과제, 그리고 기말고사까지 시기가 겹쳐 지독하게도 열심히 2주를 살아야 했다. 그간 2주는 살아냈다는 표현이 맞을 정도로 심하게 힘들었다. 그래서 꼭 힐링이 필요했다. 이번 여행에서 이 지역의 향토 음식도 맛보고 새로운 경험을 많이 할 예정이다. 너무나 기대된다.

♥ **INFP 열등기능의 성장**

스트레스 상황에서 외향적 사고(Te)를 경험하고 난 이후, INFP는 주로 사용하던 감정 이외에 판단의 중요성을 인지하게 된다.

사고가 열등기능으로 작용했을 때의 왜곡된 판단을 좀 더 건강하게 다룰 수 있게 된다. 예를 들면, 스트레스 상황에서는 판단을 보류하는 등 사고에 대해 좀 더 진지하게 고민하고 수용하게 된다. 건강한 판단을 위한 타인과의 토론 등에 대해서 조금이나마 유연하게 바라보는 시야를 가지게 된다.

이러한 열등기능의 성장은 현재를 즐기는 것에 집중하던 INFP에게 미래의 다양한 가능성을 보여주며, 힘든 상황에서 긍정적인 면을 찾는 등 다양한 관점에서 문제를 바라보게 한다.

이처럼 주기능, 부기능, 3차기능, 열등기능의 관계는 변하지 않지만, 시간이 지나면서 네 가지 심리기능 사이에 더욱 유연하고 상호보완적인 변화와 통찰이 일어나게 된다. 좋은 일만 있는 것이 아닌 인생에서 우리는 이러한 스트레스 과정을 겪으며 또 한 걸음 성장하는 것이다.

열등기능의 표출로 다른 유형의 성향을 이해하는 계기가 되며 종종 스트레스 상황이 아니더라도 열등기능을 사용하는 성장을 하게 됩니다.

에피소드

바이크로 스트레스를 해소하고 나니 머릿속이 맑아졌다. 무엇을 해도 할 수 있을 것 같았다. 3학년인 INFP는 졸업반이 다가오면서 가슴을 옥죄이는 스트레스에 휩싸였다. 정확한 진로를 결정해야 하는 시기였다. 아니, 진작에 결정했어야 했다.

그러나 당분간은 어떤 결정이나 도전은 보류하기로 했다. 급할수록 돌아가라는 말이 있다. 기말고사 기간에 스트레스 상황이 되니 성급하게 결정하려는 자기 모습을 봤기 때문이다. 여행의 끝에 앞으로의 진로에 대해 어떻게 해야 할지 고민한 INFP는 교수님을 찾아가 면담하기로 한다. 그리고 작년에 졸업하고 취직한 선배에게도 연락해야겠다. 이러저러하게 도움받을 수 있는 사람이 주변에 있는데 혼자 결정하려고 했다니 어리석었다. 주변인들과 상의하고 차근차근 정보를 얻어 겨울방학 동안 결정하기로 한다.

이렇게 차근차근 생각을 정리하니 뿌듯했다. 무엇이 되고, 무엇을 이루지 않았어도 또 하나의 인생 큰일을 어떻게 헤쳐 나갈지에 대해 고민하는 나 자신이 기특했다. 이렇게 또 오늘 한걸음 성장한다.

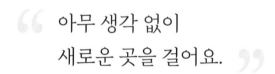

INFP를 위한 조언

> " 아무 생각 없이
> 새로운 곳을 걸어요. "

걷는 것은 뇌 활동을 자극해서 새로운 아이디어를 창출하는 방법으로 세계의 부자들이 추천하는 방법이기도 하죠. 새로운 활동을 즐기는 INFP의 스트레스 상황에서 모르는 장소를 찾아 걷는다면 새로운 경험과 함께 뇌 활동을 자극해서 스트레스 해소에 도움이 될 거예요.

가끔은 아는 사람이 없는 낯선 장소에 가봐요!

그곳이 나의 힐링 장소랍니다.

INFP

나에게 쓰는
편지

♥ INFP인 나에게 쓰는 편지

주기능인 Fi(내향적 감정)의 과함이 있었나요?

Fi
주기능

열등기능인 Te(외향적 사고)는 표출되었나요?

Te
열등기능

부기능인 Ne(외향적 직관)를 사용해 보셨나요?

Ne
부기능

최근 있었던 일을 되새기며 나의 마음을 3분 정도 가만히 들여다보고 적어봅니다. 지금의 내 마음을 잘 토닥여 줍니다.

ESTJ

프로 정리러

⊙ ESTJ 성격 콘셉트

추진력

책임감

변화를
싫어하는

경청하지
않는

분명한
직업 의식

미래보다
현재

현실적

도 아니면
모

ⓥ **ESTJ의 특징**

> ESTJ는
> 어떤 성격유형보다
> 에너지가 넘치는 유형이다.

MBTI 16가지 유형 중 발표하는 자리에서 누구보다 먼저 손드는 것은 단연 ESTJ이다. 그래서 학창 시절에 반장이나 회장 선거에 가장 많이 나갔을 것이다. 과제나 할 일이 있으면 먼저 끝낸 후에 다른 일을 해야 직성이 풀린다. 그래서 할 일을 미뤄두는 것에 대해 이해하지 못한다. 이처럼 무엇이든 속전속결에 불도저와 같이 파워풀한 ESTJ는 조직을 이끄는 리더십으로 늘 앞장서기를 마다하지 않는다. 이들은 자신의 강한 에너지를 풀어내기 위해 미리 계산된 환경에서 계획된 방식을 진행하는 것을 선호한다.

♥ 좋고 나쁜 성격은 없다. 이 설명은 해당 유형의 특징이며, 장단점을 의미하는 것이 아님을 참고하자!

❤ ESTJ 심리구조

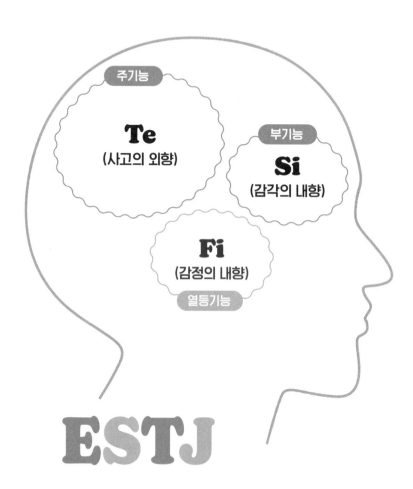

주기능

Te
(사고의 외향)

부기능

Si
(감각의 내향)

Fi
(감정의 내향)

열등기능

ESTJ

* 주기능

ESTJ의 주기능은 T(사고)로 성향이 외향(e)이므로 사고의 방향은 외부로 향한다. 사고가 외부로 향한다는 것은 모든 사람과 일에 대해 논리와 분석을 기반으로 냉철하게 판단한다는 의미이다.

* 부기능

주기능이 사고(판단기능)이므로 부기능은 인식기능인 S가 되며 방향도 주기능의 반대인 i(내향)가 된다. Si(내향적 감각)는 조용히 다른 사람과 문제에 대한 정보를 나누거나 사실에 대해 차분하게 정리하는 것을 의미한다.

* 열등기능

열등기능은 주기능의 정반대로 Fi(내향적 감정)다. 평소 이성적인 ESTJ의 내면에 불안하고 완전하지 않은 감정을 느끼게 한다. 신경질적이거나 폭발적인 분노의 표현은 내향적 감정이 열등기능으로 작용한 영향이다.

주기능은 해당 유형이 가장 선호하고 활발하게 사용하는 기능이며, 부기능은 주기능을 보조한다. 열등기능은 주기능의 반대인 무의식이다.

⊙ ESTJ의 강약점

강점

———————————————————— Strengths

ESTJ의 높은 에너지는 조직을 이끄는 데 도움이 된다. 그래서 이들은 어디를 가나 관리자나 그 기관의 장을 맞는다. 추진력이 높으며 일에 대해서는 불도저 같은 힘이 있을 뿐 아니라 속도 또한 빠르다. 그래서 이들은 높은 성과를 내는 일에서 두드러진다. 자신의 의견을 자신감 있는 목소리로 또박또박 전달하는 것이 ESTJ의 큰 특징이기도 하다. 누가 시키지 않아도 자기 일을 계획을 세워서 효율성 있게 처리한다. 공부 잘하는 엄친아가 많은 것은 이것 때문이다.

약점

———————————————————— Weaknesses

다른 사람의 감정에 관심이 없으며, 타인의 말에 귀 기울이지 않는다. 이것은 다양한 이견을 조율하고 그것에 관한 결과를 산출하는 역할에 약할 수 있다. 자신만의 방식으로 일을 밀어붙이거나 의견을 주장하며 느리거나 완벽하지 못한 타인에게 '무시'의 코드를 던질 수 있어 주의가 필요하다. 타인의 감정을 고려하는 업무는 적합하지 않다. 변화에 대한 융통성이 부족해 갑작스럽게 변경된 약속이나 일정을 당황스러워한다. 이들의 힘은 계획과 자신만의 논리로 계산된 방식에서 비롯되는데 이것 중 하나라도 틀어지면 참아내기 힘들어한다.

♥ **ESTJ의** 스트레스 상황

주기능의 과부하

스트레스 상황이 되면 평소에 강점이던 주기능에 과부하가 걸린다. 평소 논리적으로 분석하는 ESTJ는 분석이 지나쳐 과도한 비판을 쏟아낸다. 자신의 좁아진 시각으로 판단한 논리를 과도하게 신뢰하는 경향이 있어 타인의 의견은 거의 듣지 않는다. 업무나 사람에 대한 냉담하고 차가운 이런 모습은 인간관계에 부정적인 영향을 끼칠 수 있어 주의가 필요하다. 스트레스 상황에서 주기능의 과부하가 느껴진다면 잠시 주기능 사용을 중단하는 것이 좋다.

열등기능의 표출

ESTJ의 열등기능은 감정이 내면으로 향하는 Fi다. 감정이 내면으로 향한다는 의미는 업무나 사람에 대해 올라오는 감정을 내면에서 계속 반복적으로 되새김질한다는 의미이다. 자주 사용하지 않는 열등기능은 주기능처럼 나에게 익숙하지 않다. 평소 감정을 잘 사용하지 않는 ESTJ는 건강하게 감정을 느끼기가 어려울 것이다. 이러한 열등기능은 ESTJ가 감정적인 사람으로 비칠 수 있어 주의가 필요하다. 평소 이성적인 ESTJ는 스트레스 상황에서 모든 문제를 감정적으로 받아들임을 알아차릴 필요가 있다.

♥ **ESTJ의** 스트레스 해소법

ESTJ의 주기능인 사고(T)의 과부하가 발생하며, 열등기능인 감정(F)
이 표출되는 상황을 벗어나기 위해 부기능인 감각(S)을 사용해야 한
다. 과도한 비판과 과격한 감정표현을 멈추고 건강하게 사용할 수 있
는 감각으로 방향을 전환함으로써 내면의 균형을 찾는 것이다.

　내향적 감각(Si)은 오감을 나의 내면으로 향하게 하는 것이다. 일
차적으로 마음을 차분히 하고 방이나 책상을 차분히 정리하는 것으
로 사고와 감정을 잠재운다. 시간이 지나 마음이 조금 편안해졌다면
직면한 문제에 대한 정보를 하나하나 정리해 보자!

　여기에서 주의할 점은 감각에 집중할 때 그 문제와 사람에 대한
비판과 감정은 배제하려고 노력해야 한다는 점이다. 잘못된 점을 지
적하고, 그 사람에 대한 감정을 표현하고 싶은 욕구를 내려놓고 나의
오감에 집중하려고 노력해야 한다.

　만약 이것이 어렵다면 다시 괜찮아질 때까지 조용히 자신의 물건
을 정리하자. 그리고 마음이 가라앉은 후에 다시 문제나 상황에 대해
하나하나 살펴보자!

스트레스 상황에서 벗어나기 위해서는 과부하 걸린 주기능과 표출된 열
등기능을 내려놓고 자신에게 두 번째로 익숙한 부기능을 사용해야 한다.

에피소드

실적 발표를 보고 ESTJ는 화가 나서 사무실을 박차고 나왔다. 퇴근 시간이기도 했지만, 사원들에게 안 좋은 소리를 할 것 같았다. 대체 무엇이 문제일까? ESTJ도 사원을 겪었지만, 실적관리보다 쉬운 일은 없었다. 그러나 승진 후 사원들의 실적관리는 자기 실적을 관리하는 것과는 별개의 일이었다. ESTJ는 자기 실적관리 방법을 사원들에게 공유했다. 그런데도 나아지질 않으니 해결 방안이 떠오르지 않았다. ESTJ는 화가 날 때는 사원과의 대면을 피했다.

> **김 대리** 설거지를 깨끗하게 합니다. 그릇의 뽀득거림과 깨끗히 씻겨 내려가는 느낌을 충분히 느낍니다. 수저를 깨끗하게 문질러 닦습니다. 수세미를 헹굽니다.

남이 들으면 혼자 중얼거리니 미친 사람이라 하겠다. 성질이 불같은 ESTJ는 화를 참지 못해 사무실에서 큰 소리를 내고 감정수련장에 다녀온 적이 있었다. 머릿속 생각을 내려놓기에 현재 느끼는 감각을 집중하는 것이 좋은데 행동으로도 생각이 잦아들지 않으면 입으로 말하면 효과가 더 좋았다. 이후에 사무실에서 화가 나면 바로 퇴근하고 나의 감각에 집중했다.

마음이 진정된 ESTJ는 사원의 실적관리를 위해 앞으로 해야 할 일을 노트에 차분히 정리했다.

♥ ESTJ 열등기능의 성장

스트레스 상황에서 내향적 감정(Fi)을 경험하고 난 이후, ESTJ는 주로 사용하던 사고 이외에 감정의 중요성을 인지하게 된다.

감정이 열등기능으로 작용할 때 신경질적이거나 폭발적인 분노를 건강하게 다루도록 고민하게 된다. 다른 감정에 비해 분노는 에너지가 넘치는 감정이기 때문에 이를 가라앉히는 것은 어려울 수 있다.

ESTJ의 이런 행동으로 다른 사람들이 받은 상처나 감정에 관한 이야기에 대해 조금이나마 유연하게 바라보는 시야를 가지게 된다. 어렵지만, 타인의 감정에 대한 공감을 조금씩 사용해보는 것도 좋다. 열등기능의 성장은 현재를 즐기는 것에 집중하던 ESTJ에게 자신과 타인의 감정에 대해서 다양한 관점으로 바라보게 한다.

이처럼 주기능, 부기능, 3차기능, 열등기능의 관계는 변하지 않지만, 시간이 지나면서 네 가지 심리기능 사이에 더욱 유연하고 상호보완적인 변화와 통찰이 일어나게 된다. 좋은 일만 있는 것이 아닌 인생에서 우리는 이러한 스트레스 과정을 겪으며 또 한 걸음 성장하는 것이다.

♥ 열등기능의 표출로 다른 유형의 성향을 이해하는 계기가 되며 종종 스트레스 상황이 아니더라도 열등기능을 사용하는 성장을 하게 됩니다.

에피소드

실적관리에 대한 정리를 마친 ESTJ는 시원한 맥주를 한잔하며 낮에 느꼈던 자기감정에 대해 생각했다. '나는 화가 나면 왜 발끈할까?', '내 감정도 은은했으면 좋겠다'라는 생각도 들었다.

하지만, 성격은 변하지 않는다니 이번 생은 틀렸다. 이런 생각을 하니 갑자기 웃음이 터져 나왔다. 혼자 웃다가 낯설다는 느낌이 들었다. '나의 감정에 대해서 이렇게 집중해서 생각해 본 적이 있었나?'하고 되뇌었다. 지난번 감정 수련을 갔을 때를 제외하고 자기감정에 대해 깊게 생각해 본 적은 없었다. 그러니 내 감정에 대해 생각하는 내가 낯설 만도 하다.

앞으로 종종 나의 마음에도 에너지를 쏟아 관심을 두어야겠다고 생각한다. 그래야 내 마음이 어떤 상황인지 분노의 상황에 닥치기 전에 스스로 알아차릴 수 있을 것 같았다. 그렇게 ESTJ는 오늘 나의 마음을 달래주고, 평안한 마음으로 잠자리에 들었다.

하지만, 다음 달 실적은 꼭 나아지게 만들리라!

ⓥ ESTJ를 위한 조언

" 감정은
비합리적이지 않아요. "

무슨 일이든 빠르고 완벽하게 처리하는 ESTJ의 열등기능은 감정(F)
이랍니다. 모든 유형이 열등기능이 있지만, 신속하고 완벽한 ESTJ에
게 감정인 열등기능을 성장시키기에 많은 어려움이 예상돼요.

세상 쓸데없는 것이 감정이라고 생각하는 ESTJ에게 인간은 감정
의 동물임을 말하고 싶어요. 먼저 가끔이라도 내 감정에 집중하는 시
간을 갖도록 해요. 그리고 가능하다면 타인의 감정도 함께 느껴봐 주
세요.

그 시간만큼 ESTJ는 더 성숙해질 거예요.

ESTJ

나에게 쓰는 편지

💜 **ESTJ인 나에게 쓰는 편지**

주기능인 Te(외향적 사고)의 과함이 있었나요?

Te

주기능

열등기능인 Fi(내향적 감정)는 표출되었나요?

Fi

열등기능

부기능인 Si (내향적 감각)**를 사용해 보셨나요?**

최근 있었던 일을 되새기며 나의 마음을 3분 정도 가만히 들여다보고
적어봅니다. 지금의 내 마음을 잘 토닥여 줍니다.

ISTJ

프로 계획러

⦿ ISTJ 성격 콘셉트

⊙ ♥ ISTJ의 특징

> ISTJ는
> 부지런하고 성실하며
> 책임감 있는 유형이다.

반복적이며, 계획적이고, 조직적인 일에 능숙하고 틀에 박힌 업무를 하나씩 처리할 때 가장 집중력이 강하다. 일상생활도 계획적으로 수행하기 때문에 시간에 대해 민감하며 이 때문에 시간약속을 어기는 사람을 매우 싫어한다. 이런 성향은 변화가 있고, 시일이 오래 걸리며, 예측하기 힘든 일에 대해 받아들이기 힘들어한다. 세심하고 집중력 있으며, 꼼꼼한 성격은 숫자와 관련된 업무에 실수를 적게 만든다. 어떤 상황에서든 대화를 즐기지 않으며, 타인의 감정에 대해 무심하고 공감이 어려워서 사람과 관련된 업무에 적합하지 않다.

♥ 좋고 나쁜 성격은 없다. 이 설명은 해당 유형의 특징이며, 장단점을 의미하는 것이 아님을 참고하자!

♥ ISTJ 심리구조

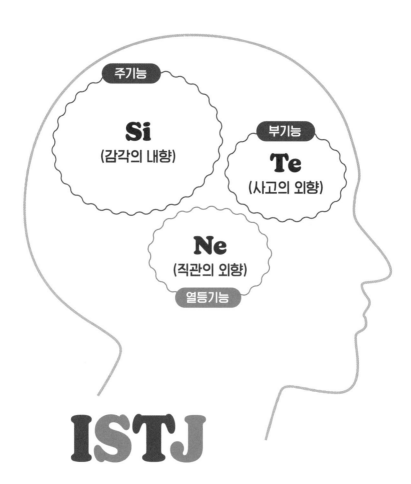

* 주기능

ISTJ의 주기능은 S(감각)로 성향이 내향(i)이므로 감각의
방향은 내면으로 향한다. 감각이 내면으로 향한다는 것은
자기 몸 상태에 민감하며 과거의 데이터나 경험을 토대로
문제나 물건을 단계적으로 정리하고 해결한다는 의미이다.

* 부기능

주기능이 감각(인식기능)이므로 부기능은 T가 되며 방향도
주기능의 반대인 e(외향)이다. Te는 직면한 문제를 다른 사
람들과 상의하거나 대화를 통해 논리적으로 정리하고 판단
하는 것을 의미한다.

* 열등기능

열등기능은 주기능의 정반대로 Ne(외향적 직관)이다. 인간
의 영감과 같은 직관이 외향으로 작용한다. 평소 모습과는
정반대인 경솔하고 충동적인 행동의 변화를 보인다. 현실
이 아닌 일이나 미래에 대한 근거 없는 불안감이나 부정적
인 생각은 직관이 열등기능으로 작용한 영향이다.

주기능은 해당 유형이 가장 선호하고 활발하게 사용하는 기능이며, 부기
능은 주기능을 보조한다. 열등기능은 주기능의 반대인 무의식이다.

⊙ **ISTJ의 강약점**

강점

_____ **Strengths**

매우 꼼꼼하며 현실적인 ISTJ는 업무 중심적이다. 혼자 하는 일에 강점을 보이며 변화가 거의 없는 전통적인 구조를 선호한다. 책임감이 강하고 목표를 달성하기 위한 끈기가 있다. 과제나 할 일이 생기면 그 일을 완료한 후에 다음 일을 한다. 일과 일상생활 모두 계획적으로 하는 것을 선호한다. 반복적인 업무, 세부적인 일에 강하며, 어느 유형보다 성실하므로 ISTJ는 세상이 정상적으로 돌아가게 하는 유형이라고도 한다. 약속하면 약속한 일은 시일 내에 완벽하게 해낸다.

약점

_____ **Weaknesses**

말이 거의 없는 ISTJ는 대화를 즐기지 않으며 타인의 감정을 무시해 집단생활에서 대인관계의 어려움을 겪을 수 있다. 계획적으로 움직이며 모든 것을 철저하게 관리하는 결벽이 있어 그렇지 못한 사람을 무시한다. 이런 성향은 타인의 감정에 무심한 ISTJ의 행동으로 나타날 수 있어 주의가 필요하다. 변화를 거부하는 성향은 약간의 융통성이 필요하다. 완벽하게 업무를 했다고 생각하지만, 동료나 상사가 말한 수정사항을 빠뜨리거나 무시할 수 있다.

⊙ ISTJ의 스트레스 상황

주기능의 과부하

스트레스 상황이 되면 평소에 강점이던 주기능에 과부하가 걸린다. 일이나 주변 환경을 잘 정리하는 ISTJ는 감각이 과도해져 소소한 세부적인 일에 강박적인 반응을 보인다. 작은 것 하나로 트집 잡아 예민하게 구는 사람을 떠올릴 수 있다. 평소에도 말이 없는 ISTJ는 계속해서 화를 내며 일에 더 집중해 외부와 자신을 차단한다. 평소에도 타인의 말을 경청하지 않는 ISTJ의 이런 모습은 인간관계에 부정적인 영향을 끼칠 수 있어 주의가 필요하다. 스트레스 상황에서 주기능의 과부하가 느껴진다면 잠시 주기능 사용을 중단하는 것이 좋다.

열등기능의 표출

ISTJ의 열등기능은 직관이 외부로 향하는 Ne이다. 직관이 외부로 향한다는 의미는 미래나 사람에 대해 올라오는 부정적인 생각이나 불안감이 충동적인 행동으로 나타난다는 의미이다. 자주 사용하지 않는 열등기능은 주기능처럼 나에게 익숙하지 않다. 평소 직관을 잘 사용하지 않는 ISTJ는 건강하게 직관을 사용하기 어려울 것이다. 이러한 열등기능은 ISTJ가 충동적이고 신경질적인 사람으로 비칠 수 있어 주의가 필요하다. 평소 차분한 ISTJ는 스트레스 상황에서 자기 행동의 변화를 알아차릴 필요가 있다.

⊙ **ISTJ의 스트레스 해소법**

ISTJ의 주기능인 감각(S)의 과부하가 발생하며, 열등기능인 직관(N)이 표출되는 상황을 벗어나기 위해 부기능인 논리적 사고(T)를 사용해야 한다. 성급한 행동과 부정적인 불안을 멈추고 건강하게 사용할 수 있는 논리로 방향을 전환함으로써 내면의 균형을 찾는 것이다.

외향적 사고(Te)는 사고와 논리를 나의 외부로 표현하는 것이다. 직면한 문제를 신뢰하는 사람들과 상의하거나 논리적으로 정리하고 판단하는 것으로 과열된 행동과 미래에 대한 불안을 잠재운다.

여기에서 주의할 점은 논리적으로 판단할 때 그 문제와 사람에 대해 빠르게 결정하고 싶은 충동과 불안한 감정은 배제해야 한다는 점이다. 바로 때려치우고 싶고, 그 사람의 행동과 말이 모난 것처럼 보이는 시각을 내려놓고 문제에 대한 사실만 생각하려고 노력하자! 만약 이것이 어렵다면 다시 괜찮아질 때까지 주변 사람들과 함께 사실 위주로 상황을 상의하자! 그리고 마음이 조금 편안해졌다면 직면한 문제에 대해 논리적으로 다시 판단해 보자!

> 스트레스 상황에서 벗어나기 위해서는 과부하 걸린 주기능과 표출된 열등기능을 내려놓고 자신에게 두 번째로 익숙한 부기능을 사용해야 한다.

에피소드

ISTJ는 직장 동료 중 김 씨가 계속해서 눈에 거슬렸다. 눈에 거슬리니, 김 씨에 대한 평가가 뇌리에서 떠나질 않았다.

① 지난달에 두 번이나 지각했다.
② 보고서 중 일부를 떠밀어서 지난주 ISTJ는 30분이나 더 근무했다.
③ 병가로 ISTJ가 김 씨의 업무를 맡은 것이 6개월 사이에 네 번이나 있었다.

두 번, 30분, 6개월에 네 번…. 김 씨가 말하면 ISTJ는 자리에서 박차고 일어나는 등 신경질적으로 대했다. ISTJ의 이런 행동은 김 씨와 다른 팀원도 놀라게 했다. ISTJ는 뭔가 잘못되어 가고 있음을 느낀다.

ISTJ	사람들이 대체 나한테 왜 이래?
윤 대리	네가 요즘 신경질적으로 보여. 왜 그래?
ISTJ	김 씨가 다른 사람한테 피해를 주고도 뻔뻔하잖아.
윤 대리	네 행동도 사람들이 불편하게 생각하고 있어. 평소의 너답게 문제를 이성적으로 생각해 봐. 네가 말은 회사 일 때문이라면 팀장님께 말씀드리면 어때?

생각해 보니, ISTJ에게 김 씨의 일을 배분한 것은 팀장님이었다. 더는 김 씨에게 짜증 내지 않고 팀장님께 면담을 신청했다.

⊙ ISTJ 열등기능의 성장

스트레스 상황에서 외향적 직관(Ne)을 경험하고 난 이후, ISTJ는 눈에 보이지 않는 미래의 가능성이나 긍정적인 생각의 중요성을 인지하게 된다.

직관이 열등기능으로 작용했을 때의 불안감이나 부정적인 생각을 좀 더 건강하게 다룰 수 있게 된다. 예를 들면, 미래에 대한 불안감이나 타인에 대해 부정적으로 생각했던 것을 진지하게 고민하고 수용하게 된다. 눈에 보이지 않는 미래와 타인의 생각이나 느낌을 유연하게 바라보는 시야를 가지게 된다.

이러한 열등기능의 성장은 이성적으로 판단하고 생각하는 것을 즐기는 ISTJ에게 타인과 자신의 직관에 더 집중하게 하며, 다양한 관점에서 현재 상황을 바라보게 된다.

이처럼 주기능, 부기능, 3차기능, 열등기능의 관계는 변하지 않지만, 시간이 지나면서 네 가지 심리기능 사이에 더욱 유연하고 상호보완적인 변화와 통찰이 일어나게 된다. 좋은 일만 있는 것이 아닌 인생에서 우리는 이러한 스트레스 과정을 겪으며 또 한 걸음 성장하는 것이다.

> 열등기능의 표출로 다른 유형의 성향을 이해하는 계기가 되며 종종 스트레스 상황이 아니더라도 열등기능을 사용하는 성장을 하게 됩니다.

에피소드

팀장님과 면담한 ISTJ는 편안한 표정으로 팀장실을 나왔다. 팀장님은 ISTJ에게 미안하다며 업무처리가 빨라 별생각 없이 다른 업무를 줬다고 사과했다. 또 앞으로 다른 팀원과 공평하게 하겠다고 약속했다.

팀장실을 나온 ISTJ는 김 씨에게 시선이 꽂혔다. 그동안 김 씨가 한 행동에 과하게 집착했다는 생각이 들어 미안함이 올라왔다. 윤 대리의 말처럼 김 씨에게 화풀이할 일이 아니었다. 앞으로 이런 일은 사람에 대한 부정적인 생각에 집중하는 것이 아닌 객관적인 해결 방안에 집중해야겠다는 생각이 들었다.

엄밀히 말하면 김 씨의 개인적인 생활은 ISTJ의 회사생활과는 무관했다. 이런 방식으로 생각한다면 ISTJ가 다니는 회사의 모든 사원이 바르게 생활해야 한다는 결론이 나오니 말이다.

거기에다 평소 말이 없는 ISTJ의 신경질적인 행동에 대해 사람들이 쉽게 다가와서 물어보지 못한다는 것을 윤 대리를 통해 알게 되었다. 이런 상황에서 주변인에게 직관을 긍정적으로 사용하는 것은 너무 어려웠다. 하지만 앞으로 회사 일에서 긍정을 찾아보려고 노력하기로 한다.

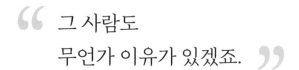

❤ ISTJ를 위한 조언

" 그 사람도
무언가 이유가 있겠죠. "

종일 주변 정리부터 일정까지 세심하고 꼼꼼하게 움직이는 ISTJ이지
만 직관을 건강하게 사용하기 위해서는 옳고 그름의 판단을 멈춰야
해요. 관계에서는 옳고 그름이 아닌 오히려 좋음과 나쁨의 감정을 더
많이 사용한답니다. 불쾌해하는 사람들에게 ISTJ가 옳고 그름을 따
진다면 주변의 사람이 점점 사라질 수도 있어요.

세상의 소금형인 ISTJ의 매력이 발산될 수 있게 가끔은 나만의 틀
을 놓을 때가 필요하답니다. 과하게 올라온 주기능과 짜증스럽게 느
껴지는 열등기능을 멈추고 부기능을 사용하기 전까지 마음의 평정을
위해 모든 생각을 내려놓는 것은 어떨까요?

내 마음의 평화보다 중요한 것은 없으니 말이에요.

ISTJ

나에게 쓰는 편지

💙 ISTJ인 나에게 쓰는 편지

주기능인 Si(내향적 감각)의 과함이 있었나요?

주기능

열등기능인 Ne(외향적 직관)는 표출되었나요?

열등기능

부기능인 Te(외향적 사고)를 사용해 보셨나요?

최근 있었던 일을 되새기며 나의 마음을 3분 정도 가만히 들여다보고
적어봅니다. 지금의 내 마음을 잘 토닥여 줍니다.

ESFJ

프로 대화러

♥ ESFJ 성격 콘셉트

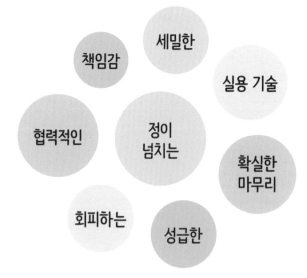

세밀한

책임감

실용 기술

협력적인

정이 넘치는

확실한 마무리

회피하는

성급한

⬤ ESFJ의 특징

> ESFJ는
> 16가지 성격유형 중
> 가장 사교적인 유형이다.

ESFJ는 유치원 선생님과 같은 발랄한 에너지에 활기가 더해 분위기 메이커로 통한다. 삶의 질을 높이는 방식으로 타인과 따뜻하고 성실한 관계를 맺는 방식을 선호한다. 그러면서도 일할 때는 의사 결정의 과정에 적극적으로 참여하고자 한다. 부드럽지만 존중받는 환경을 선호하는 ESFJ는 타인에게 사랑받는 성격유형 중 하나이다. 반면에 이런 이유로 혼자 일하는 것을 힘들어하고 비판과 변화에 민감하다. 또한 세부 사항에는 민감하지만, 전체적인 맥락을 보는 것을 힘들어한다.

♥
좋고 나쁜 성격은 없다. 이 설명은 해당 유형의 특징이며, 장단점을 의미하는 것이 아님을 참고하자!

⚥ ESFJ 심리구조

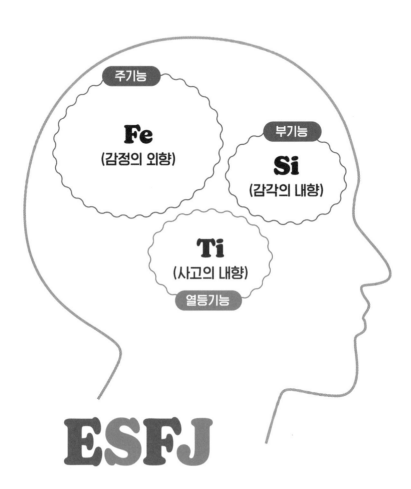

* 주기능

ESFJ의 주기능은 F(감정)로 성향이 외향(e)이므로 감정의
방향은 외부로 향한다. 감정이 외부로 향한다는 것은 긍정
적으로 누구와도 소통을 잘하며 감정적으로 지지를 잘한다
는 의미이다.

* 부기능

주기능이 감정(판단기능)이므로 부기능은 인식기능인 S가
되며 방향도 주기능의 반대인 i(내향)가 된다. Si(내향적 감
각)는 신뢰하는 사람들과 자신의 문제에 대해 사실을 토대
로 대화를 나누는 것을 의미한다.

* 열등기능

열등기능은 주기능의 정반대로 Ti(내향적 사고)이다. 객관
적으로 평가하려는 사고가 내향으로 작용한다. 무엇이든지
부정적으로 판단하며 과격하게 비판하는 것이 내향적 사고
가 열등기능으로 작용한 영향이다.

주기능은 해당 유형이 가장 선호하고 활발하게 사용하는 기능이며, 부기
능은 주기능을 보조한다. 열등기능은 주기능의 반대인 무의식이다.

ESFJ의 강약점

강점

———————————————————————— **Strengths**

사람을 직접 상대하며 도움 주는 일을 천성적으로 잘하며 좋아한다. '정' 하나로 끝나는 유형으로 인간관계의 소소한 것 하나하나를 소중하게 생각한다. 다른 사람의 의견에 공감하고 박수를 보내는 것을 마다하지 않으며 한번 관계를 맺으면 관계를 소중히 생각하고 발전시켜 나간다. 실용적인 기술에 뛰어난 작업 능력을 보이는데 이는 현장에서 적재적소에 필요한 것을 제공하는 업무에 능숙하다. S(감각)를 통해 사실적이며 세부적인 사항을 잘 다루며 현실적 안목을 지닌다.

약점

———————————————————————— **Weaknesses**

비판을 받아들이기를 힘들어하며, 타인의 비판에 사적인 의미를 부여하는 일이 많다. 이 때문에 과민 반응할 수 있어 주의가 필요하다. 관계를 중시하는 ESFJ의 특성상 불편한 상황에 대해 대면하기보다 회피하려는 경향을 보인다. 상황에 대한 사적인 의미 부여나 불편한 상황을 피하려는 태도는 타인의 감정적인 짐을 받는 것을 힘들게 한다. 독특한 점은 사람은 좋아하지만, 타인의 말을 경청하지는 못한다는 것이다. 이 때문에 독선적으로 보일 수 있다. 마무리에 치중하다 서두르는 경향이 있다.

ⓥ ESFJ의 스트레스 상황

주기능의 과부하

스트레스 상황이 되면 평소에 강점이던 주기능에 과부하가 걸린다. 평소 타인과의 감정교류가 많은 ESFJ는 과도하게 타인의 감정에 집중해 그들의 문제를 자신의 문제처럼 해결하려고 한다. 스트레스 상황에서 이렇게 넓어지는 오지랖은 ESFJ에 심리적인 압박감을 더할 수 있으며, 타인의 문제에 지나치게 관여하는 모습을 보일 수 있어 주의가 필요하다. 스트레스 상황에서 주기능의 과부하가 느껴진다면 잠시 주기능 사용을 중단하는 것이 좋다.

열등기능의 표출

ESFJ의 열등기능은 사고가 내면으로 향하는 Ti이다. 사고가 내부로 향한다는 의미는 혼자 업무나 사람에 관한 판단이나 평가에 집중한다는 의미이다. 잘 사용하지 않는 열등기능은 주기능처럼 나에게 익숙하지 않다. 평소 논리를 자주 사용하지 않는 ESFJ는 객관적인 판단이 어려울 것이다. 왜곡된 시각으로 비판적으로 판단하고 과격한 행동으로 이어지는 ESFJ의 열등기능은 인간관계에도 영향을 미칠 수 있어 주의가 필요하다. 평소 상냥한 ESFJ는 스트레스 상황에서 자신의 비판적인 사고와 행동을 알아차릴 필요가 있다.

ⓥ ESFJ의 스트레스 해소법

ESFJ의 주기능인 감정(F)의 과부하가 발생하며, 열등기능인 사고(T)가 표출되는 상황을 벗어나기 위해 부기능인 감각(S)을 사용해야 한다. 과도한 관계 형성과 비판적인 사고를 멈추고 건강하게 사용할 수 있는 감각으로 방향을 전환함으로써 내면의 균형을 찾는 것이다.

내향적 감각(Si)은 감각을 나의 내면으로 향하게 하는 것이다. 일차적으로 마음을 차분히 하고 집안이나 방 정리를 하면서 올라오는 감정과 비판적인 사고를 잠재운다. 시간이 지나 마음이 조금 편안해졌다면 직면한 문제에 대해 일기를 써보는 것도 좋다.

여기에서 주의할 점은 감각을 사용할 때 그 문제와 사람에 대한 감정과 부정적인 사고는 배제해야 한다는 점이다. 그 일에 관여하고 싶고, 그 사람이 틀린 것 같은 생각을 내려놓고 현재의 감각만을 느끼려고 노력해야 한다. 만약 이것이 어렵다면 괜찮아질 때까지 주변을 정리하는 것도 좋다. 그리고 마음이 가라앉은 후에 주변 사람들과 사실을 토대로 이야기를 나누어 보자! 이때 말하는 것이 아닌 듣는 방향으로 대화하는 것이 내향적 감각을 사용하는 것이다.

> 스트레스 상황에서 벗어나기 위해서는 과부하 걸린 주기능과 표출된 열등기능을 내려놓고 자신에게 두 번째로 익숙한 부기능을 사용해야 한다.

에피소드

최근 ESFJ는 고민거리가 생겼는데, 어느 방향으로 결정해야 할지 알수가 없었다. 이런 상태가 계속되니 스트레스가 쌓였다. A로 결정할때의 장단점과 B로 결정할 때의 장단점을 정리해 봤지만 내 마음이무엇을 원하는지 알 수 없었다. 간혹 나는 내가 진정 원하는 게 무엇인지 알 수 없는 상황이 당황스러웠다. 조용히 시간을 보내던 ESFJ는친구와 대화해 보기로 한다.

> **ESFJ** 지난번에 얘기한 문제로 너무 혼란스러워! 내가 뭘 원하는지 헷갈린다.
>
> **친구** 나도 중요한 문제일수록 결정하기 겁나더라고….
>
> **ESFJ** 이걸로 벌써 며칠 째니? 네 생각은 어때?
>
> **친구** 나는 네가 A로 결정하면 좋겠어. B도 나쁘지 않은데, A로 결정하면 집도 가깝고 잘 해낼 수 있는 조건이 좋은 것 같다고 느꼈거든. 물론 결정은 네가 하는 거니 나도 조심스러워서 말하지 못했어.
>
> **ESFJ** 그랬구나! 말해줘서 고마워. 네 의견도 참고할게.

ESFJ는 친구의 의견을 더해 A로 결정했다. ESFJ도 A의 점수를 살짝 높게 주고 있긴 했다. 그러나 B의 또 다른 장점을 놓기가 아까웠다. 정답은 없지만, 인생의 중간에 이런 결정들이 결국 내 인생 전체가 되는 것이니 더 어려웠다. 이제 흔들리지 않고 A를 준비해야겠다.

⊙ ESFJ 열등기능의 성장

스트레스 상황에서 내향적 사고(Ti)를 경험하고 난 이후, ESFJ는 주로 사용하던 감정 이외에 논리적인 사고의 중요성을 인지하게 된다.

사고의 열등기능을 경험하고 나서 왜곡된 시각으로 바라보고 부정적인 판단하고 비판하는 것을 좀 더 건강하게 다룰 수 있게 된다. 예를 들면, 사실 위주로 내가 정보를 정리해 본다든가, 주위 사람의 사실 위주의 의견을 경청한다든가 하는 방법으로 진지하게 고민하고 수용하게 된다. 또한 평소 다른 사람들의 사실적 사고에 대해 조금이나마 유연하게 바라보는 시야를 가지게 된다.

이러한 열등기능의 성장은 사람들과 소통하고 감정의 교류에 집중하던 ESFJ에게 현재 상황에서 보이지 않는 사실을 토대로 한 객관적인 정보를 보여주며, 실제 상황을 객관적으로 평가할 수 있게 한다.

이처럼 주기능, 부기능, 3차기능, 열등기능의 관계는 변하지 않지만, 시간이 지나면서 네 가지 심리기능 사이에 더욱 유연하고 상호보완적인 변화와 통찰이 일어나게 된다. 좋은 일만 있는 것이 아닌 인생에서 우리는 이러한 스트레스 과정을 겪으며 또 한 걸음 성장하는 것이다.

> 열등기능의 표출로 다른 유형의 성향을 이해하는 계기가 되며 종종 스트레스 상황이 아니더라도 열등기능을 사용하는 성장을 하게 됩니다.

에피소드

ESFJ는 A로 결정하고 나서 스트레스 상황이 진정되니 많은 생각이 들었다. 평소 친구들과의 대화는 주로 감정에 관한 내용이었다. '누구의 이런 점이 기분 나빴다', '누구는 누구랑 친하더라', '누구는 누구를 좋아하는 것 같다' 보통은 이런 내용이 주를 이루었다. 그런데 미래에 대해 객관적으로 생각하고 스스로 정리하고, 친구의 객관적인 의견을 모아서 인생의 큰 결정을 하고 나니 왠지 어른이 된 듯한 기분이 들었다. 이런 것을 성장이라고 표현하는가 보다.

평소 ESFJ는 사실을 기반으로 판단하고 비판하는 사람은 정이 없어 보여 호감이 가지 않았다. 그런데, 이번 일을 겪고 나서 가끔은 객관적인 판단이 필요하다는 것을 느꼈다.

ESFJ는 인생의 큰 결정을 판단한 자신에게 선물을 주기로 한다. 요즘은 MBTI 성향에 따른 다이어리가 많이 나와 있다. ESFJ는 성향이 다른 T(사고) 성향의 다이어리를 주문했다. 가상의 T가 되어 다이어리를 적으며 ESFJ의 열등기능인 T를 성장시켜 보련다.

나도 객관적인 사람으로 성장할 수 있다고!

ESFJ는 큰 결정을 한 자신에게 칭찬을 아끼지 않았다.

⊙ ESFJ를 위한 조언

> ❝ 나와 타인의
> 경계를 생각해요. ❞

영어는 내 일과 남의 일을 구분하는 표현이 많아요. 'My business is not your business.'는 '내 일이지, 네 일이 아니야!'라는 표현이에요.

ESFJ는 주변 사람을 챙기고 도와주는 정이 넘치는 성격유형이랍니다. 하지만, 주기능인 Fe(외향적 감정)에 과부하가 걸리면 당신은 도에 지나치게 감정적으로 되어 타인과 나의 경계를 무너뜨려 타인과 나 모두를 힘들게 할 수 있어요.

도와주는 것과 참견하는 것은 다르답니다. 가끔은 나와 타인의 경계를 열등기능인 사고를 통해 정리해 봐요. 무언가를 만들며 부기능을 사용해 혼자만의 시간을 갖는 것도 좋아요. 도움이 될 거예요.

ESFJ

나에게 쓰는 편지

♡ ESFJ인 나에게 쓰는 편지

주기능인 Fe(외향적 감정)의 과함이 있었나요?

Fe
주기능

_____

_____

_____

_____

_____

열등기능인 Ti(내향적 사고)는 표출되었나요?

Ti
열등기능

_____

_____

_____

_____

_____

부기능인 Si(내향적 감각)를 사용해 보셨나요?

최근 있었던 일을 되새기며 나의 마음을 3분 정도 가만히 들여다보고 적어봅니다. 지금의 내 마음을 잘 토닥여 줍니다.

ISFJ

내면 집중러

♥ **ISFJ 성격 콘셉트**

세부적인

침착한

걱정이
많은

현실적인

감각이
뛰어난

집중력이
강한

충성심

끈기있는

♡ ISFJ의 특징

ISFJ는
끈기 있게 뒤에서 조용히
사람들을 돕는 유형이다.

ISFJ는 사랑스러우면서 보호본능을 일으키는 유형이다. 조용히 사람들을 돕지만 자신에게 강하게 하는 사람에게 할 말을 하지 못하고 가슴앓이한다. 충성심이 강하고, 업무가 많아도 많다고 말하지 못하고 도맡아 하기 때문에 우리 사회의 어딘가에서 오늘도 조용히 밀린 업무를 하고 있을 수 있다. 또한 현실적인 감각이 뛰어나 사물을 다루는 일에 재능을 보인다. 꼼꼼하고 세심한 관찰력은 어떤 일을 하든지 실수를 줄여준다.

♥ 좋고 나쁜 성격은 없다. 이 설명은 해당 유형의 특징이며, 장단점을 의미하는 것이 아님을 참고하자!

⊙ ISFJ 심리구조

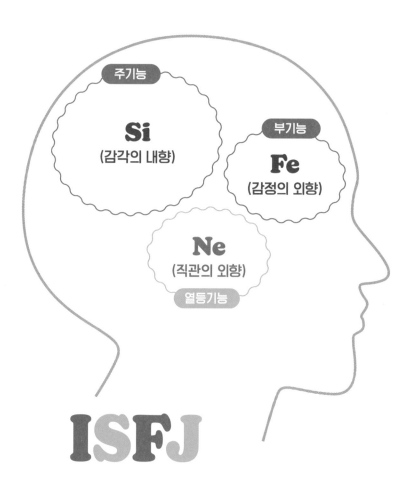

주기능

Si
(감각의 내향)

부기능

Fe
(감정의 외향)

Ne
(직관의 외향)

열등기능

ISFJ

＊ 주기능

ISFJ의 주기능은 S(감각)로 성향이 내향(i)이므로 감각의 방향은 내면으로 향한다. 감각이 내면으로 향한다는 것은 자기 몸 상태에 민감하며 과거의 데이터나 경험을 토대로 문제나 물건을 단계적으로 정리하고 해결한다는 의미이다.

＊ 부기능

주기능이 감각(인식기능)이므로 부기능은 판단기능인 F가 되며 방향도 주기능의 반대인 e(외향)가 된다. Fe(외향적 감정)는 타인과 감정을 교류하고 공감하며 조직의 조화로운 분위기를 만들려고 노력하는 것을 의미한다.

＊ 열등기능

열등기능은 주기능의 정반대로 Ne(외향적 직관)이다. 인간의 영감과 같은 직관이 외향으로 작용한다. 평소 모습과는 정반대인 경솔하고 충동적인 행동의 변화를 보인다. 현실이 아닌 일이나 미래에 대한 근거 없는 불안감이나 부정적인 생각은 직관이 열등기능으로 작용한 영향이다.

주기능은 해당 유형이 가장 선호하고 활발하게 사용하는 기능이며, 부기능은 주기능을 보조한다. 열등기능은 주기능의 반대인 무의식이다.

⦿ ISFJ의 강약점

강점

+

사물을 다루는 것에 능숙한 ISFJ는 어떤 사물을 볼 때 높은 집중력과 세심한 관찰력을 보인다. 이것은 ESFJ와 마찬가지로 사물을 실용적으로 다루는 데 능숙함을 높여준다. 사물을 사랑스럽고 세밀하게 만드는 일에 강점을 보인다. 책임감이 강하고 자신이 맡은 일에 최선을 다하며, 사람들에게 협조적이며 온정적이고 헌신적이다. 이런 ISFJ를 '아낌없이 주는 나무'라 호칭하기도 한다. 전통적인 조직에서 사람을 상대하거나 사물을 다루는 업무에 높은 적응력을 가진다.

약점

—

지나치게 많은 일을 떠맡거나 자신이 스스로 맡아 하는 경향이 있어 과로에 주의해야 한다. 적절한 업무량으로 계획을 세워서 일하는 습관을 들일 필요가 있다. 또한 타인이 보기에 사랑스러운 ISFJ의 성향을 자신은 과소평가한다. 이런 소심함과 내성적인 성향은 타인에게 자신의 의견을 말하는 것을 어렵게 만든다. 사물을 세심하게 보기 때문에 전체를 보는 것을 어려워한다. 전통적인 조직 업무에 능숙한 ISFJ는 변화가 많은 상황에 빠른 대처를 어려워한다.

⟡ **ISFJ**의 스트레스 상황

주기능의 과부하

스트레스 상황이 되면 평소에 강점이던 주기능에 과부하가 걸린다. 일이나 주변 환경을 잘 정리하는 ISFJ는 감각이 과도해져 소소한 세부적인 일에 강박적인 반응을 보인다. 작은 것 하나로 트집 잡아 예민하게 구는 사람을 떠올릴 수 있다. 평소에도 말이 없는 ISFJ는 계속해서 화를 내며 일에 더 집중해 외부와 자신을 차단한다. 평소에도 타인의 말을 경청하지 않는 ISFJ의 이런 모습은 인간관계에 부정적인 영향을 끼칠 수 있어 주의가 필요하다. 스트레스 상황에서 주기능의 과부하가 느껴진다면 잠시 주기능 사용을 중단하는 것이 좋다.

열등기능의 표출

ISFJ의 열등기능은 직관이 외부로 향하는 Ne이다. 직관이 외부로 향한다는 의미는 미래나 사람에 대해 올라오는 부정적인 생각이나 불안감을 충동적인 행동으로 나타낸다는 의미이다. 자주 사용하지 않는 열등기능은 주기능처럼 나에게 익숙하지 않다. 평소 직관을 잘 사용하지 않는 ISFJ는 건강하게 직관을 사용하기 어려울 것이다. 이러한 열등기능은 ISFJ가 충동적이고 신경질적인 사람으로 비칠 수 있어 주의가 필요하다. 평소 차분한 ISFJ는 스트레스 상황에서 자기 행동이 충동적이고 신경질적임을 알아차릴 필요가 있다.

♡ ISFJ의 스트레스 해소법

ISFJ의 주기능인 감각(S)의 과부하가 발생하며, 열등기능인 직관(N)이 표출되는 상황을 벗어나기 위해 부기능인 감정(F)을 사용해야 한다. 성급한 행동과 부정적인 불안을 멈추고 건강하게 사용할 수 있는 감정으로 방향을 전환함으로써 내면의 균형을 찾는 것이다.

외향적 감정(Fe)은 감정을 나의 외부로 표현하는 것이다. 평소 조용한 ISFJ이지만, 부기능은 신뢰하는 사람들과 감정을 교류하고 공감하며 과도한 감각과 부정적인 직관을 잠재운다. 만약 직접적인 대화가 힘들다면 편지나 이메일, SNS 등을 활용해도 좋으니 시도해 보자!

여기에서 주의할 점은 감정을 교류할 때 과하게 일이나 사람에 몰두하거나 미래나 사람에 대한 부정적인 느낌은 배제해야 한다는 점이다. 하나하나 트집 잡고, 그 사람의 행동과 말이 모난 것처럼 보이는 시각을 내려놓고 온화한 감정만 생각하려고 노력해야 한다. 만약 이것이 어렵다면 다시 괜찮아질 때까지 주변 사람들과 담소를 즐기자. 그리고 마음을 가라앉은 후에 다시 감정을 표현하자!

> 스트레스 상황에서 벗어나기 위해서는 과부하 걸린 주기능과 표출된 열등기능을 내려놓고 자신에게 두 번째로 익숙한 부기능을 사용해야 한다.

에피소드

ISFJ의 아버지는 ISFJ에게 높은 목표를 요구하고, 달성하지 못하면 자식 취급하지 않았다. 요즈음의 일이 아니었다. 어린 시절부터 쌓이고 쌓여 이제는 폭발 직전이었다. 요즘은 아버지와 말하지 않는데도 마음이 편하지 않아 가족상담실을 찾았다.

윤 상담사는 내 이야기를 쭉 듣더니 의자를 하나 갖다 놓았다. 그리고 의자에 아버지가 있다고 생각하고 하고 싶은 말을 하라는 것이다. 이상했다. 의자에는 아무도 없는데, 아버지가 있다고 생각하니 말문이 턱 막혔다. 오랜 시간을 들여 드디어 입을 뗐다.

> **ISFJ** 전 아버지의 만족을 채우려고 태어난 자식이 아녜요. 왜 자꾸 제 어깨에 아버지의 꿈을 지우시는 거예요? 전 저예요. 저는 원하는 삶을 살 테니 아버지도 제게 강요하지 마시고 아버지 삶을 사세요.

깜짝 놀랐다. 한 번도 아버지의 꿈을 강요한다고 생각한 적이 없었는데, 마치 무의식이 알고 있던 것처럼 말이 튀어나왔다. 그러고는 울음이 터졌다. 저 마음 안쪽의 골에 파묻힌 이야기가 이렇게 금방 나오는데 20년이 넘는 세월 동안 나는 왜 한마디도 하지 못했을까? 내 등을 윤 상담사는 토닥여주며 앞으로 가슴이 답답하면 앞에 인형을 하나 놓고 상대에게 하고픈 말을 뱉어내라고 조언했다. 이것이 심리학자 게슈탈트의 '빈 의자 기법'이다.

ⓥ ISFJ 열등기능의 성장

스트레스 상황에서 외향적 직관(Ne)을 경험하고 주로 사용하는 감각적 경험 이외에 눈에 보이지 않는 것의 중요성을 인지하게 된다.

직관이 열등기능으로 작용했을 때의 미래에 대한 근거 없는 불안감이나 부정적인 생각으로 인한 충동적인 행동 변화에 대해 좀 더 건강하게 다룰 수 있게 된다. 예를 들면, 인간으로서 느끼는 영감, 미래의 가능성 등에 대해 진지하게 고민하고 수용하게 된다. 다른 사람들의 이런 직관에 관한 생각이나 행동에 대해 조금이나마 유연하게 바라보는 시야를 가지게 된다.

열등기능의 성장은 물건 정리와 몸의 감각에만 집중하는 ISFJ에게 현재 보이지 않는 미래의 다양한 가능성을 보며, 힘든 상황에서 긍정적인 면을 찾는 등 다양한 관점에서 문제를 바라보게 한다.

이처럼 주기능, 부기능, 3차기능, 열등기능의 관계는 변하지 않지만, 시간이 지나면서 네 가지 심리기능 사이에 더욱 유연하고 상호보완적인 변화와 통찰이 일어나게 된다. 좋은 일만 있는 것이 아닌 인생에서 우리는 이러한 스트레스 과정을 겪으며 또 한 걸음 성장하는 것이다.

> 열등기능의 표출로 다른 유형의 성향을 이해하는 계기가 되며 종종 스트레스 상황이 아니더라도 열등기능을 사용하는 성장을 하게 됩니다.

에피소드

한참을 울고 돌아오는 지하철에서 ISFJ는 생각했다. '높은 목표를 내게 요구하는 이유를 왜 한 번도 묻지 않았을까?', '정말 아버지의 못다 이룬 꿈 때문이었을까?' 궁금했다. 지금까지 20년이 넘는 세월 동안 아버지를 미워했다. 나 스스로 '이래서 그럴 것이다, 저래서 그럴 것이다' 추측만 했다. ISFJ는 오늘은 집에 가서 직접 물어보기로 한다. 나의 부정적인 생각을 멈추려면 내 생각 속의 아버지가 아닌 실제 아버지의 답을 들어야 했다.

집에 들어온 ISFJ는 무심한 듯이 화초를 닦는 아버지에게 물었다.

> **ISFJ**   아빠는 왜 내가 SKY대에 가길 원한 거야?
> **아버지**   예전에는 배운 사람이 잘 살았어. 고생 안하고 살았으면 해서….
> **ISFJ**   내가 SKY대 갈 정도로 공부 머리가 있질 않잖아! 그럼 계속해서 강요하지 말았어야지!

화들짝 놀란 아버지는 화초 닦던 손을 멈추고 무심히 대답했다.

> **아버지**   미안하다! 나도 미안하게 생각하고 있어.

예상치 못한 아버지의 대답에 더 큰 울음이 터졌다. 나는 20년 동안 대체 무얼 하고 살아온 걸까?

♥ ISFJ를 위한 조언

> " 가끔은
> 나의 감정을 표현해요. "

늘 주변환경과 일에 몰두해 있는 ISFJ에게 가끔은 자기 감정을 토해놓는 시간이 필요해요. 그것이 열등기능인 직관으로 작용하지 않도록 나의 감정 상태를 잘 확인해 주세요!

상대에게 나의 감정을 이야기할 때는 〈I massage〉로 말해요. 당신 때문에 내 마음이 어떤지, 얼마나 불편한지 알려주세요. '당신은 왜 그렇게 하는 거죠?'처럼 타인을 나무라는 것이 아닌 '당신이 그렇게 하니 내 마음이 불편해요', '그렇게 하시니 제가 좀 당황스럽네요'처럼 내 감정을 표현하는 것이 건강한 방법이랍니다.

그러니 가끔은 내가 원하는 것이 무엇인지 나를 잘 살펴주세요!

ISFJ

나에게 쓰는 편지

❤ **ISFJ인 나에게 쓰는 편지**

주기능인 Si(내향적 감각)의 과함이 있었나요?

주기능

열등기능인 Ne(외향적 직관)는 표출되었나요?

Ne

열등기능

부기능인 Fe(외향적 감정)를 사용해 보셨나요?

최근 있었던 일을 되새기며 나의 마음을 3분 정도 가만히 들여다보고 적어봅니다. 지금의 내 마음을 잘 토닥여 줍니다.

ENTJ

프로 독서러

❤ ENTJ 성격 콘셉트

통솔력

사령관

급한 성향

창의적인
문제 해결

풍부한
아이디어

장기적인
안목

추진력

세심하지
못한

⊙ **ENTJ의** 특징

> ENTJ는
> 권위와 권한으로
> 통솔력을 발휘하는 유형이다.

카리스마 있는 타고난 리더 유형으로 권위와 권한이 있는 자리를 좋아한다. 리더 성향이 있는 다른 유형과 마찬가지로 타인의 말에 경청하는 부분이 약하다. 업무처리를 서두르는 경향이 있으며 풍부한 아이디어로 창의적인 해결 방법을 모색하는 지적인 성향이다. 장기적인 안목이 있어 나무가 아닌 숲을 보는 시야를 가지는 것은 리더로서 큰 장점이다. 치열한 경쟁과 목표를 설정하고 달려 나가는 추진력이 있어 이런 성향의 업무를 선호하는 경향이 있다.

좋고 나쁜 성격은 없다. 이 설명은 해당 유형의 특징이며, 장단점을 의미하는 것이 아님을 참고하자!

♥ ENTJ 심리구조

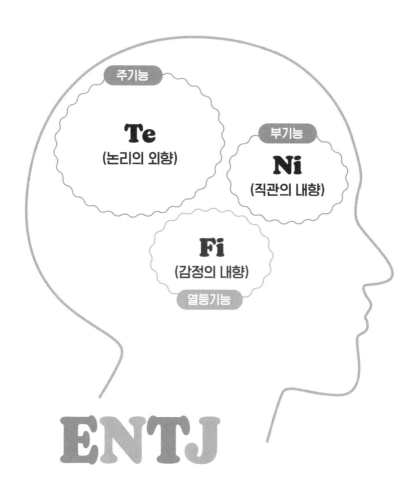

주기능

Te
(논리의 외향)

부기능

Ni
(직관의 내향)

Fi
(감정의 내향)

열등기능

ENTJ

* 주기능

ENTJ의 주기능은 T(논리)로 성향이 외향(e)이므로 사고의 방향은 외부로 향한다. 사고가 외부로 향한다는 것은 모든 사람과 일에 대해 논리와 분석을 기반으로 냉철하게 판단한다는 의미이다.

* 부기능

주기능이 사고(판단기능)이므로 부기능은 인식기능인 N이 되며 방향도 주기능의 반대인 i(내향)가 된다. Ni(내향적 직관)는 눈에는 보이지 않는 내재적 의미를 파악하고 다양한 관점으로 시각을 넓히는 것을 의미한다.

* 열등기능

열등기능은 주기능의 정반대로 Fi(내향적 감정)다. 평소 이성적인 ENTJ의 내면에 불안하고 완전하지 않은 감정을 느끼게 한다. 신경질적이거나 폭발적인 분노의 표현은 내향적 감정이 열등기능으로 작용한 영향이다.

주기능은 해당 유형이 가장 선호하고 활발하게 사용하는 기능이며, 부기능은 주기능을 보조한다. 열등기능은 주기능의 반대인 무의식이다.

♥ ENTJ의 강약점

강점 +

복잡한 문제를 해결하는 능력이 뛰어나고 성공에 대한 갈망이 있어 조직에서 리더 역할을 한다. ENTJ의 큰 강점 중 하나는 논리적이며 분석적이라는 점이다. 지적인 유형으로 창의적인 문제 해결이 가능하고 조직화하는 능력이 있다. 전체를 보는 안목은 조직을 움직이는 프로세스, 전략을 만드는 데 유용하다. 이것은 숲을 보는 거시적인 시각을 가지기 때문이며 이런 시각은 자신만의 철학을 갖게 한다. 무엇이든 빠르게 습득해 기술을 섭렵한다.

약점 —

자신이 무엇이든 빠르게 섭렵하기 때문에 타인의 느림에 대해 참을성이 부족하다. 자신만의 철학과 거시적인 안목으로 ENTJ가 큰 계획을 이야기할 경우, 다른 사람이 이해하지 못하거나 다른 의견을 내는 것을 상세히 살피지 못한다. 세심한 부분은 놓치기도 하는 데 성공에 대한 갈망은 개인의 희생을 강요할 수 있어 주의할 필요가 있다. 표현이 직설적이라 타인이 상처받을 수 있다.

♥ **ENTJ의** 스트레스 상황

주기능의 과부하

스트레스 상황이 되면 평소에 강점이던 주기능에 과부하가 걸린다. 평소 논리적으로 분석하는 ENTJ는 분석이 지나쳐 과도한 비판을 쏟아낸다. 자신의 좁아진 시각으로 판단한 논리를 과도하게 신뢰하는 경향이 있어 타인의 의견은 거의 듣지 않는다. 업무나 사람에 대한 냉담하고 차가운 이런 모습은 인간관계에 부정적인 영향을 끼칠 수 있어 주의가 필요하다. 스트레스 상황에서 주기능의 과부하가 느껴진다면 잠시 주기능 사용을 중단하는 것이 좋다.

열등기능의 표출

ENTJ의 열등기능은 감정이 내면으로 향하는 Fi다. 감정이 내면으로 향한다는 의미는 업무나 사람에 대해 올라오는 감정을 내면에서 반복적으로 되새김질하며 폭주한다는 의미이다. 자주 사용하지 않는 열등기능은 주기능처럼 나에게 익숙하지 않다. 평소 감정을 잘 사용하지 않는 ENTJ는 건강하게 감정을 느끼기가 어려울 것이다. 이러한 열등기능은 ENTJ가 감정적인 사람으로 비칠 수 있어 주의가 필요하다. 평소 이성적인 ENTJ는 스트레스 상황에서 자신이 모든 문제를 감정적으로 받아들임을 알아차릴 필요가 있다.

♥ **ENTJ의** 스트레스 해소법

ENTJ의 주기능인 논리(T)의 과부하가 발생하며, 열등기능인 감정(F)이 표출되는 상황을 벗어나기 위해 부기능인 직관(N)을 사용해야 한다. 과도한 비판과 예민한 감정표현을 멈추고 건강하게 사용할 수 있는 직관으로 방향을 전환함으로써 내면의 균형을 찾는 것이다.

내향적 직관(Ni)은 직관을 나의 내면으로 향하게 하는 것이다. 일차적으로 마음을 차분히 하고 내재적 의미와 비전을 찾을 수 있는 책이나 글을 읽으며 민감하게 올라온 평가와 감정을 잠재운다. 시간이 지나 마음이 조금 편안해졌다면 직면한 문제에 대해 눈에 보이지 않는 내재적 의미를 찾으며 통찰력을 키워 보자!

여기에서 주의할 점은 직관을 사용할 때 타인에 대한 평가와 민감한 감정은 배제해야 한다는 점이다. 타인의 잘못된 점을 지적하거나 짜증 나는 감정은 내려놓으려고 노력해야 한다. 만약 이것이 어렵다면 다시 괜찮아질 때까지 신뢰하는 사람들의 의견을 경청하자! 그리고 마음이 가라앉은 후에 다시 내재적 의미와 문제에 대한 통찰을 시도하자!

> 스트레스 상황에서 벗어나기 위해서는 과부하 걸린 주기능과 표출된 열등기능을 내려놓고 자신에게 두 번째로 익숙한 부기능을 사용해야 한다.

에피소드

ENTJ는 회사의 임원이다. 이제 4년 차인데, 회사 내에 퇴직한다는 소문이 돌고 있다. 회사마다 다르지만, 임원은 일정 기간 계약하고 실적에 따라 연장하는 방식이다. 연봉이 높고 높은 대우를 받지만, 안정성은 반대의 개념으로 봐도 무방하다. 회사를 옮겨야 한다니 스트레스가 이만저만한 것이 아니었다. 그래서 감정 수업을 찾아왔다. 모든 수업이 끝나갈 무렵, 강사가 이야기했다.

> **윤 강사** 이번은 함께한 동료분께 한 분씩 돌아가며 느낀 장점을 말씀하는 시간입니다. 상대의 평가가 아닌 눈에 보이거나 수업하며 느낀 장점을 간단하게 말씀해 주세요. 제가 먼저 해볼게요. ENTJ님은 열정적으로 수업에 참여하시는 모습이 좋았습니다.
>
> **A** ENTJ님은 눈이 참 예쁘세요.
>
> **B** ENTJ님은 리더십있는 모습으로 발표를 이끌어주시는 모습이 멋져 보였습니다.
>
> **C** ENTJ님은 목소리에 힘이 있어 자신이 있어 보여요.

참여한 사람들이 차례대로 칭찬의 에너지를 부어주니 가슴에서 찌릿한 것이 느껴졌다. 쑥스럽지만 그동안 구멍 났던 자신감이 채워지는 것 같았다. 그렇지! 난 사원도 중간관리자도 아닌 임원이다! 가슴을 활짝 펴고 상황을 맞이하자!

ⓥ **ENTJ 열등기능의 성장**

스트레스 상황에서 내향적 감정(Fi)을 경험하고 ENTJ는 주로 사용하던 논리적 사고 이외에 인간 감정의 중요성을 인지하게 된다.

감정이 열등기능으로 작용했을 때의 신경질적이거나 폭발적인 감정을 좀 더 건강하게 다룰 수 있게 된다. 예를 들면, 인간으로서 느끼는 감정을 진지하게 수용하게 된다. 자신과 다른 사람의 감정에 대해 조금이나마 유연하게 바라보고 감정도 존중해야 하는 것임을 알아차리게 된다.

이러한 열등기능의 성장은 늘 논리적으로 분석하는 ENTJ에게 중요하지 않게 생각했던 인간의 감정을 바라보고, 힘든 상황에서 타인과 자신의 감정을 약간이나마 알아차리는 역할을 한다.

이처럼 주기능, 부기능, 3차기능, 열등기능의 관계는 변하지 않지만, 시간이 지나면서 네 가지 심리기능 사이에 더욱 유연하고 상호보완적인 변화와 통찰이 일어나게 된다. 좋은 일만 있는 것이 아닌 인생에서 우리는 이러한 스트레스 과정을 겪으며 또 한 걸음 성장하는 것이다.

> 열등기능의 표출로 다른 유형의 성향을 이해하는 계기가 되며 종종 스트레스 상황이 아니더라도 열등기능을 사용하는 성장을 하게 됩니다.

에피소드

감정 수업에서 ENTJ는 다른 사람의 칭찬이 내 안에 들어와 자존감으로 채워짐을 느꼈다. 수업이 끝나고 돌아오는 길에 나의 감정이 조심스럽게 따뜻해짐을 느꼈다.

평소 ENTJ가 관리자들에게 엄격하고 차갑게 대했던 것이 생각났다. 기획서 콘셉트를 따지며 하나하나 비판하던 자기 모습이 떠올라 얼굴이 달아올랐다. '그때 그들의 마음이 어땠을까?' 관리자들의 기분을 위해 비판을 줄일 생각은 없지만, 과한 비판은 서로에게 쓸데없는 감정 쓰레기를 남길 수도 있다는 생각이 들었다.

'그렇다면 누구를 위해서 그렇게 비판을 일삼았을까?' 회사 입사 이후로 늘 일에 쫓겼다. 업무가 많고 실적이 잘 나와야 한다는 부담은 ENTJ를 더욱 비판적으로 만들었다. 그런데도 만족스러운 실적이 아니었나 보다. 임원은 퇴사 소문이 돌기 시작하면 영락없이 도태되었다. 여러 명이 도태되는 것을 본 ENTJ는 지금까지 자신의 방법이 정답이 아니었음을 깨달았다.

이 상황에서 나의 자존감을 찾기가 이렇게 힘든 것처럼 타인의 감정도 소중하다는 것을 알게 되었다. 세상에 실적보다 더 중요한 것이 있음을 알아차리며 집으로 들어갔다.

♥ ENTJ를 위한 조언

> ## 가끔은 눈에 보이지
> ## 않는 것을 느껴보세요.

평소 논리적인 ENTJ의 부기능이 내향적 직관(Ni)이라는 것이 당황스러울 수 있어요. 내향적 직관은 내향적 감정과 같이 부드럽고 은은한 면이 있어요.

내향적 직관은 다양한 관점과 활력을 느끼며, 일과 사람의 이면에 숨겨진 의미를 해석할 수 있게 돼요. 직관은 비논리적이라는 생각은 옳지 않아요. MBTI의 주기능, 부기능, 3차기능, 열등기능 등 기존에 있는 이론을 〈스트레스 해소법〉이라는 주제로 다시 정리하는 것도 직관의 기능 중 하나랍니다.

논리적인 ENTJ의 직관이 성장하는 것을 응원합니다.

ENTJ

나에게 쓰는
편지

♥ ENTJ인 나에게 쓰는 편지

주기능인 Te(외향적 사고)의 과함이 있었나요?

Te
주기능

열등기능인 Fi(내향적 감정)는 표출되었나요?

Fi
열등기능

부기능인 Ni (내향적 직관)를 사용해 보셨나요?

최근 있었던 일을 되새기며 나의 마음을 3분 정도 가만히 들여다보고 적어봅니다. 지금의 내 마음을 잘 토닥여 줍니다.

INTJ

프로 외향러

♥ INTJ 성격 콘셉트

사생활
희생

복잡한

일상이
없는

목표달성

업무에
강한 집중력

높은
자기 기준

지적인

논리적인

214

♥ **INTJ의 특징**

> INTJ는
> 자신만의 신념을
> 지니는 워커홀릭 유형이다.

자신만의 신념이 매우 중요한 INTJ는 자신이 이해되지 않는 일은 하지 못한다. '완벽'을 추구하는 특성으로 어떤 일에서 한두 가지만 달라도 '전혀 다르다'라고 인식하는 경향이 있다. 과학자와 같이 이론적으로 복잡하고 지적인 연구를 즐긴다. 이런 성향은 자신의 관심사에 대한 정보에 대해서도 파고드는 경향이 있어 이에 대한 타인의 웬만한 정보에 대해서는 신뢰하지 않는다. 타인의 정보가 틀릴 수도 있다는 것을 열어두고 접근한다. 혼자 일하는 것을 좋아하고 타인과 정보나 감정을 공유하고 나누는 것에 익숙하지 않다.

♥ 좋고 나쁜 성격은 없다. 이 설명은 해당 유형의 특징이며, 장단점을 의미하는 것이 아님을 참고하자!

⊙ INTJ 심리구조

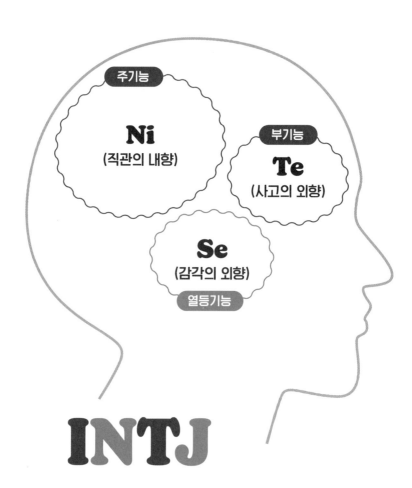

* 주기능

INTJ의 주기능은 N(직관)으로 성향이 내향(i)이므로 직관
의 방향은 내면으로 향한다. 직관이 내면으로 향한다는 것
은 내재적인 의미와 패턴을 파악하고 이것을 통찰력으로 새
롭게 해석한다는 의미이다.

* 부기능

주기능이 직관(인식기능)이므로 부기능은 판단기능인 T가
되며 방향도 주기능의 반대인 외향(e)이 된다. Te(외향적
사고)는 자기주장과 타인의 의견을 조직화해서 문제를 해결
하고 목표를 달성하는 것을 의미한다.

* 열등기능

열등기능은 주기능의 정반대로 Se(외향적 감각)이다. 감각
을 즐기는 것이 외향으로 작용한다. 마감 기한이나 주변의
청결 상태 등 주변의 사소한 감각에 심각할 정도로 예민함
을 느낀다. 과식이나 과음, 쾌락에 집중하는 모습을 보이는
것은 외향적 감각이 열등기능으로 작용한 영향이다.

주기능은 해당 유형이 가장 선호하고 활발하게 사용하는 기능이며, 부기
능은 주기능을 보조한다. 열등기능은 주기능의 반대인 무의식이다.

⊙ **INTJ의 강약점**

강점

——————————————————————————— **Strengths**

가장 큰 강점은 논리적이고 분석적이라는 점이다. 완벽을 추구하며 논리적인 일을 증명하는 것에 대한 집중력이 최고이다. 그 가능성을 파악하는 것에 즐거움을 느낀다. 이론적인 시스템, 프로세스, 모델을 창조해 내는 것이 INTJ이기도 하다. 이들의 지적인 카리스마는 모든 성격유형 중 최고라 볼 수 있다. 이런 이유로 INTJ는 전문 직종에 종사하는 경우가 많다.

약점

——————————————————————————— **Weaknesses**

INTJ에게 '완벽'이 키워드인 만큼 자신이 아닌 타인에게도 '완벽'을 요구하는 경향이 있다. 그러다 보니 타인을 칭찬하는 것에 인색하다. 이들은 자신보다 능력이 높은 사람의 말은 그나마 듣지만, 능력이 낮다고 생각하는 사람의 말은 무시한다. 집중력이 높다 보니, 워커홀릭에 빠질 수 있어 자신을 챙기며 일하는 자기관리 능력이 부족하다. 이런 이유로 자신의 연구 분야에 대해서는 박식하지만, 일상생활에 대한 정보는 다른 성격유형에 비해 부족할 수 있다.

♥ INTJ의 스트레스 상황

주기능의 과부하

스트레스 상황이 되면 평소에 강점이던 주기능에 과부하가 걸린다. 평소 직관에 따라 인식하던 INTJ는 직관력이 강해져 자기가 인식한 내용에 관한 판단에 오만한 편견을 가지게 되며 평소보다 더 집중하게 된다. 이러한 스트레스 상황에서는 직관의 단점이기도 한 객관성을 잃어버리고 비현실적인 결정을 할 수 있어 주의가 필요하다. 스트레스 상황에서 주기능의 과부하가 느껴진다면 잠시 주기능 사용을 중단하는 것이 좋다.

주기능의 과부하

INTJ의 열등기능은 감각이 외부로 향하는 Se이다. 감각이 외부로 향한다는 의미는 주변 환경의 청소나 점검 리스트, 보고서의 오류 등 사실적인 정보에 대해 강박적인 증상을 보인다는 의미이다. 잘 사용하지 않는 열등기능은 주기능처럼 나에게 익숙하지 않다. 평소 감각을 자주 사용하지 않는 INTJ는 건강하게 감각을 느끼는 것이 어려울 것이다. 과도하게 감각에 집착해 쾌락으로 이어지는 INTJ의 열등기능은 일상생활을 무너뜨릴 수 있어 주의가 필요하다. 평소 오픈 마인드인 INTJ는 스트레스 상황에서 자신이 과도하게 집착하는 감각 정보에 대해 알아차릴 필요가 있다.

⊙ **INTJ의 스트레스 해소법**

INTJ의 주기능인 직관(N)의 과부하가 발생하며, 열등기능인 감각(S)이 표출되는 상황을 벗어나기 위해 부기능인 논리적 사고(T)를 사용해야 한다. 비현실적인 시각과 예민한 감각의 집중을 멈추고 건강하게 사용할 수 있는 논리로 방향을 전환함으로써 내면의 균형을 찾는 것이다.

외향적 사고(Te)는 사고와 논리를 나의 외부로 향하는 것이다. 평소 조용하고 개인주의적인 INTJ지만, 스트레스 상황을 해결하기 위해 주변 사람들과 함께 목표를 설정하고 전략을 세우며 부정적인 생각과 쾌락에 집중하려는 생각을 잠재운다. 시간이 지나 마음이 조금 편안해졌다면 직면한 문제에 대해 논리적으로 중요한 것과 중요하지 않은 것으로 분리해 정리해 보자!

여기에서 주의할 점은 논리적으로 판단할 때 문제와 사람에 대한 부정적인 생각과 예민함은 배제해야 한다는 점이다. 내 주장대로 하고, 그 사람의 문제를 지적하려는 생각을 내려놓고 객관적인 사실을 사용하려고 노력해야 한다. 만약 이것이 어렵다면 답을 찾을 때까지 주변 사람들과 토론해 보자! 그리고 마음이 가라앉은 후에 판단하자!

❤ 스트레스 상황에서 벗어나기 위해서는 과부하 걸린 주기능과 표출된 열등기능을 내려놓고 자신에게 두 번째로 익숙한 부기능을 사용해야 한다.

에피소드

석사 논문을 쓰는 INTJ는 설문조사 결과가 유의미하지 않아 멘붕이
왔다. 논문의 가설과 결과가 다르다는 의미이며, 이번 학기에 졸업이
어려울 수 있었다. 6개월간 준비하고 마무리 중인데 당황스러웠다.

평소 흔들림 없는 INTJ지만, 이번엔 때려치우고 싶었다. 석사 학
위가 있다고 인생이 달라지는 것도 아닌데 학위를 따려는 자신이 이
해되지 않았다. 연구실을 박차고 나온 INTJ는 치킨 세 마리와 맥주를
주문했다. 집에 도착해 작정이라도 한 듯이 세 마리를 천천히 먹어 치
우기 시작한다. 스트레스가 심할 때면 홀로 먹방을 찍는 INTJ였다. 벌
컥벌컥 맥주도 들이켜니 금상첨화였다. 이때 교수님께 전화가 왔다.

> **윤 교수** INTJ 설문조사 결과 나왔으면 결과 보고서 이메일로 보내주세요.
> **INTJ** 교수님~ 그런데 결과가 유의미하지 않게 나왔어요. 어쩌죠?
> **윤 교수** 모든 결과가 유의미하게 나오지는 않을 수 있어요. 결괏값에 대한
> 의미를 학술적으로 푸는 것이 논문입니다. 일단 결과를 보죠.

교수님께 자료를 보내고 다음 날 호출이 왔다. 자료를 이러저러하
게 보고 통계적으로 살피니 답이 있었다. 물론 치팅은 아니었다. 정석
적인 방법으로 찾을 수 있는 해답이었는데 INTJ는 학술적인 지식의
부족함을 느꼈다. 교수님과 상의해서 해결될 문제였는데 '석사 따위
로 무얼 하려고?' 생각했던 어제의 자신이 한심스럽게 느껴졌다.

⊙ **INTJ 열등기능의 성장**

스트레스 상황에서 외향적 감각(Se)을 경험하고 난 이후, INTJ는 주로 사용하던 직관 이외에 감각의 중요성을 인지하게 된다.

감각이 열등기능으로 작용했을 때의 예민함이나 쾌락에 집중하는 모습을 좀 더 건강하게 다룰 수 있게 된다. 예를 들면, 인간으로서 느끼는 기본적인 감각에 좀 더 진지하고 건강하게 수용하는 방법을 모색하게 된다. 현재를 즐기는 사람들의 모습을 조금이나마 유연하게 바라보는 시야를 가지게 된다.

열등기능의 성장은 내면의 의미나 패턴에 집중하던 INTJ에게 현재를 즐기고 느끼는 시간의 중요성을 알아차리는 역할을 한다.

이처럼 주기능, 부기능, 3차기능, 열등기능의 관계는 변하지 않지만, 시간이 지나면서 네 가지 심리기능 사이에 더욱 유연하고 상호보완적인 변화와 통찰이 일어나게 된다. 좋은 일만 있는 것이 아닌 인생에서 우리는 이러한 스트레스 과정을 겪으며 또 한 걸음 성장하는 것이다.

열등기능의 표출로 다른 유형의 성향을 이해하는 계기가 되며 종종 스트레스 상황이 아니더라도 열등기능을 사용하는 성장을 하게 됩니다.

에피소드

INTJ는 가벼운 발걸음으로 교수실을 나왔다. 연구실에서 함께 석사 과정 중인 연구생을 만났다.

> **연구생** 설문조사 결과는 잘 마무리되었어?
>
> **INTJ** 응! 다행히 결괏값이 잘 나왔어.
>
> **연구생** 다행이네. 금요일이라서 나는 이만 마무리하고 나가려고…. 이번 주에 설문조사까지 끝나서 오늘 음악회 가려고 준비했지. 수고한 나한테 주는 선물!

웃으며 나가는 연구생은 힘든 일이 지나면 늘 자신에게 선물을 주는 시간을 가지곤 했다. '이렇게 바쁜 와중에도 놀러 다닐 시간이 있나?'하고 평소에는 연구생이 이해되지 않았다. 그런데 어제 스트레스 상황에서 치킨 세 마리를 무자비하게 때려 넣은 자신이 떠올랐다.

쾌락과 감각을 즐기는 것의 차이가 무엇인지 선명하게 느껴지는 순간이었다. INTJ는 평소 연구에만 몰두하는 자신을 떠올리며 가끔은 연구생처럼 자신도 인생의 일부를 즐겨봐야겠다는 생각이 들었다. 석사 학위를 받으려고 사는 것이 아니지 않은가?

인생을 즐기며 사는 것이 중요할 수도 있겠다고 생각하며 INTJ는 가벼운 발걸음으로 논문을 마무리해 나갔다.

♥ INTJ를 위한 조언

> " 가끔은 온전히
>   나만의 시간을 가져봐요. "

일을 위해서라면 기꺼이 사생활을 희생하는 INTJ! 목표도 좋고 연구도 좋지만, 가끔은 나의 일상을 즐기는 시간이 필요해요!

    내 인생의 중요한 주변인과 건강을 챙기고 즐기는 것도 가끔은 필요하답니다. 연주회, 영화, 맛집, 캠핑 나의 일상을 즐기기 위해 INTJ의 열등기능인 외향적 감각(Se)을 성장시켜 봐요.

    '행복'의 선물을 내게 주려고 조금만 노력해 주세요!

INTJ

나에게 쓰는 편지

❤ INTJ인 나에게 쓰는 편지

주기능인 Ni(내향적 직관)의 과함이 있었나요?

주기능

열등기능인 Se(외향적 감각)는 표출되었나요?

열등기능

부기능인 Te(외향적 사고)를 사용해 보셨나요?

Te
부기능

최근 있었던 일을 되새기며 나의 마음을 3분 정도 가만히 들여다보고
적어봅니다. 지금의 내 마음을 잘 토닥여 줍니다.

ENTP

혼자만의 시간러

♥ ENTP 성격 콘셉트

⚥ **ENTP의 특징**

> ENTP는
> 분산된 정보를 창조적인 관점으로
> 재조합하는데 뛰어난 유형이다.

넓은 안목으로 어떤 주제나 일에 대한 흐름을 파악해 독창적으로 새로운 것을 조합해 낸다. 창조적인 에너지를 내는 직업은 시간적인 여유를 요구한다. 빡빡한 업무 과정 중에서 창의성까지 발휘하는 것은 불가능하기 때문이다. 이러한 이유로 ENTP는 여유 있는 직업을 선호하는 경향이 있다. 짜여 있지 않은 자유로운 환경은 ENTP의 창의력을 발휘하기에 좋다. 또한, ENTP는 에너지도 높아 사람들과 섞여서 재미와 흥분을 주는 일을 선호한다.

💙 좋고 나쁜 성격은 없다. 이 설명은 해당 유형의 특징이며, 장단점을 의미하는 것이 아님을 참고하자!

⊙ ENTP 심리구조

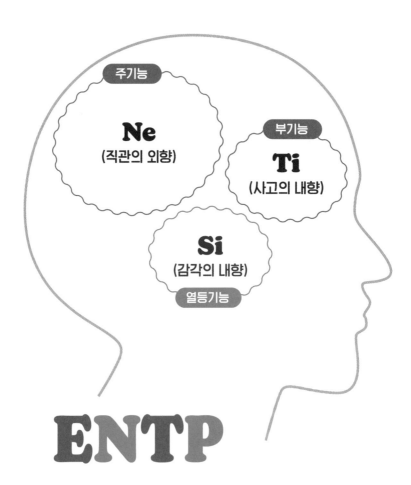

주기능

Ne
(직관의 외향)

부기능

Ti
(사고의 내향)

Si
(감각의 내향)

열등기능

ENTP

* **주기능**

ENTP의 주기능은 N(직관)으로 성향이 외향(e)이므로 직관의 방향은 외부로 향한다. 직관이 외부로 향한다는 것은 기존의 정보를 새로운 방식으로 조합하고 그것에 대한 가능성에 열정을 다한다는 의미이다.

* **부기능**

주기능이 직관(판단기능)이므로 부기능은 인식기능인 T가 되며 방향도 주기능의 반대인 i(내향)가 된다. Ti(내향적 사고)는 현재 직면한 문제에 대해 평온한 상태에서 논리적으로 검토하는 것을 의미한다.

* **열등기능**

열등기능은 주기능의 정반대로 Si(내향적 감각)이다. 주변과 자신에 대한 감각이 내향으로 작용한다. 주변 환경이나 자기 건강 상태에 대해 더 섬세해지고 예민해진다. 세부 사항과 실수에 대해 강박적이고 짜증이나 분노의 감정을 표현하는 것은 내향적 감각이 열등기능으로 작용한 영향이다.

주기능은 해당 유형이 가장 선호하고 활발하게 사용하는 기능이며, 부기능은 주기능을 보조한다. 열등기능은 주기능의 반대인 무의식이다.

ENTP의 강약점

강점

Strengths

———————————————————————

넓은 안목을 가진 ENTP의 박식함과 열정은 따라오기 힘들다. 타고난 호기심이 높아 관심 분야가 다양하고 새로운 정보를 습득하는 기술이 뛰어나다. 이런 특성은 반복적인 일보다 독창적으로 문제 해결하는 업무를 선호한다. 지적인 호기심이 특출하면서도 의사소통 능력이 탁월하고 상대방의 의중을 파악하는 통찰력을 가진다. 사교성이 뛰어나 사람을 대하는 일에서도 강점을 보인다.

약점

Weaknesses

———————————————————————

다양한 방면에 관심이 있는 ENTP는 반복적이거나 틀에 박힌 업무를 견디기 힘들어한다. 숲을 보는 통찰력을 가졌으나, 세심한 것을 놓치는 경우가 있어 주의가 필요하다. 간혹 한 가지 일을 마무리하지 않은 상태에서 또 다른 일을 벌이는 경향이 있어 일을 마무리하기 힘든 예도 있다. 전체를 보는 안목과 여러 가지 일을 한 번에 처리하는 열정은 그렇지 못한 사람을 견디지 못하는 약점을 가지게 한다.

❤ **ENTP의 스트레스 상황**

주기능의 과부하

스트레스 상황이 되면 평소에 강점이던 주기능에 과부하가 걸린다. 평소 긍정적이며 오픈 마인드인 ENTP는 직관력이 지나쳐 무분별한 아이디어를 쏟아낸다. 이러한 모든 아이디어를 지나치게 긍정적으로 받아들여 어떤 것도 결정할 수 없게 된다. 하나를 마무리하지 않고, 다른 일을 시작하는 등 얇고 무분별하게 많은 일을 벌여 놓을 수 있어 주의가 필요하다. 스트레스 상황에서 주기능의 과부하가 느껴진다면 잠시 주기능 사용을 중단하는 것이 좋다.

열등기능의 표출

ENTP의 열등기능은 감각이 내부로 향하는 Si이다. 감각이 내부로 향한다는 의미는 소소한 실수에 강박적이고 괴팍한 반응을 보인다는 의미이다. 잘 사용하지 않는 열등기능은 주기능처럼 나에게 익숙하지 않다. 평소 감각을 잘 사용하지 않는 ENTP는 건강하게 감각을 느끼는 것이 어려울 것이다. 이러한 열등기능은 낙관적인 ENTP의 모습보다 내면에 집중하며 우울한 모습으로 변할 수 있어 주의가 필요하다. 평소 낙천의 대명사인 ENTP는 스트레스 상황에서 감각 정보에 대해 자신이 과도하게 문제를 확대해서 해석하는 경향을 알아차릴 필요가 있다.

⊙ **ENTP의 스트레스 해소법**

주기능인 직관(N)의 과부하가 발생하며, 열등기능인 감각(S)이 표출되는 상황을 벗어나기 위해 부기능인 논리적 사고(T)를 사용해야 한다. 끊임없는 아이디어로 무분별하게 일을 벌이며, 주변에 대한 민감한 반응을 멈추고 건강하게 사용할 수 있는 논리로 방향을 전환함으로써 내면의 균형을 찾는 것이다.

내향적 사고(Ti)는 사고와 논리를 나의 내면으로 향하게 하는 것이다. 일차적으로 마음을 차분히 하고 논리적 사고가 가능한 전략적인 게임이나 큐브, 바둑으로 복잡한 머릿속과 예민해진 마음을 잠재운다. 시간이 지나 마음이 조금 편안해졌다면 직면한 문제에 대해 논리적으로 다시 판단해 보자!

여기에서 주의할 점은 논리적으로 판단할 때 그 문제와 사람에 대한 부정적인 느낌과 실수의 민감함은 배제해야 한다는 점이다. 비판하고 싶고, 다른 일을 벌이고 싶은 생각을 내려놓고 객관적인 사실만 생각하려고 노력해야 한다. 만약 이것이 어렵다면 다시 괜찮아질 때까지 전략적인 게임이나 큐브를 즐기자. 그리고 마음이 가라앉은 후에 차분히 논리적 사고로 문제를 정리해 보자!

> ♥ 스트레스 상황에서 벗어나기 위해서는 과부하 걸린 주기능과 표출된 열등기능을 내려놓고 자신에게 두 번째로 익숙한 부기능을 사용해야 한다.

에피소드

ENTP는 정보를 알리는 유튜브 채널을 운영한다. 최근 구독자 수가 떨어지고 있어 스트레스를 받고 있다. 업로드하는 영상 개수도 늘려 보고 주제도 다양화했지만, 변화가 없어서 회의를 진행하게 되었다.

> **ENTP** 요즘 채널 조회수와 '좋아요'를 누가 분석하고 있죠?
> **팀원** ….

말이 없는 팀원에게 짜증이 올라왔다. 각자 채널을 분석하고 개선할 점을 하나씩 생각해서 다시 모이면 어떻겠냐고 조율한다.

회의를 마친 ENTP는 머리도 식힐 겸 채널 성향을 적어나갔다. 그러다 분석을 소홀히 했다는 생각이 들었다. 영상마다 조회수와 '좋아요'를 분석해 구독자 성향을 파악하고 반응이 좋은 영상에 집중했다. 수치를 쭉 적어 내려간 ENTP는 깜짝 놀란다. 기존 구독자 성향이 최근 변화된 것을 알아차리지 못했다. 장난으로 만든 레고 영상 반응이 좋았는데 이후에 반영하지 못했고 Shots 영상도 조회수가 올랐다.

객관적인 자료를 토대로 한 논리가 가장 옳음을 다시 한번 깨우치며, ENTP는 개선점을 정리해 나갔다.

💙 **ENTP 열등기능의 성장**

스트레스 상황에서 내향적 감각(Si)을 경험하고 난 이후, ENTP는 주로 사용하던 직관 이외에 주변 환경을 느끼는 감각의 중요성을 인지하게 된다.

　감각이 열등기능으로 작용했을 때의 실수에 대한 짜증이나 분노, 주변 환경에 대한 예민함을 좀 더 건강하게 다룰 수 있게 된다. 예를 들면, 평소 주변 정리에 좀 더 힘쓰는 것을 진지하게 고민하고 수용하게 된다. 다른 사람이 감각을 즐기는 것에 대해 조금이나마 유연하게 바라보는 시야를 가지게 된다. 열등기능의 성장은 새로운 일과 가능성에 집중하던 ENTP에게 현재를 즐기는 방법을 알려주고, 주변 환경을 챙기는 등 다양한 관점의 시각을 열어준다.

　이처럼 주기능, 부기능, 3차기능, 열등기능의 관계는 변하지 않지만, 시간이 지나면서 네 가지 심리기능 사이에 더욱 유연하고 상호보완적인 변화와 통찰이 일어나게 된다. 좋은 일만 있는 것이 아닌 인생에서 우리는 이러한 스트레스 과정을 겪으며 또 한 걸음 성장하는 것이다.

> 열등기능의 표출로 다른 유형의 성향을 이해하는 계기가 되며 종종 스트레스 상황이 아니더라도 열등기능을 사용하는 성장을 하게 됩니다.

에피소드

회의자료를 모두 정리한 ENTP는 오전에 직원들에게 채널 분석 자료에 대해 닦달한 것이 떠올랐다. 누군가에게 업무를 맡기고 결과물에 대해 주기적인 점검하는 것이 ENTP의 업무였다. 그러나 한 대상자에게 업무를 맡기지 않고 모두에게 결과에 대한 책임이 있는 것처럼 말한 자신이 너무했나 하는 생각이 들었다.

ENTP는 자료정리의 중요성을 깨닫고 이 업무를 누구에게 맡길 것인가에 대해 고민한다. 그리고 앞으로의 회의에서 이 자료를 사용해야겠다는 생각이 들었다.

지난번 회의에서 A 팀원이 채널의 수치를 말했던 것이 기억났다.

> **팀원** 이번 업로드한 영상에서 레고를 다룬 영상이 다른 영상 대비 '좋아요' 수가 1.5배 증가한 수치를 보였어요.

그때는 자세히 듣지 않았던 것 같았다. 그래도 기억에 있는 걸 보면 듣긴 들은 모양이다. 채널 분석 업무는 A 팀원에게 맡기기로 하고 그의 세밀함에 대해서 다시 감탄한다. 평소 놓치고 있었던 업무의 세밀함도 앞으로 챙겨야겠다고 생각하며 채널 점검을 마무리했다.

⊙ ENTP를 위한 조언

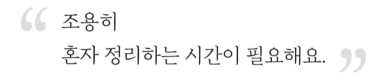

> ## 조용히
> ## 혼자 정리하는 시간이 필요해요.

평소 열정적인 ENTP지만, 스트레스 상황에서는 아무것도 하지 않고 홀로 생각하는 시간이 필요해요.

자료를 찾고, 논리적으로 문제해결을 위한 방안을 짜는 내향적 사고(Ti)를 사용하는 시간을 가져봐요. 자료를 정리하며 열등기능인 내향적 감각(Si)을 함께 사용한다면 일거양득이겠죠?

ENTP의 열정을 응원해요!

ENTP

나에게 쓰는 편지

💗 ENTP인 나에게 쓰는 편지

주기능인 Ne(외향적 직관)의 과함이 있었나요?

Ne
주기능

_____

_____

_____

_____

열등기능인 Si(내향적 감각)는 표출되었나요?

Si
열등기능

_____

_____

_____

_____

부기능인 Ti (내향적 사고)를 사용하기 위한 나의 노력은?

최근 있었던 일을 되새기며 나의 마음을 3분 정도 가만히 들여다보고
적어봅니다. 지금의 내 마음을 잘 토닥여 줍니다.

INTP

새로운 경험러

♥ INTP 성격 콘셉트

아이디어

자신감

분석적인

많은 정보
종합

고도의
복잡한 이론

아웃사이더

독립적

객관적인

⦿ INTP의 특징

> INTP는
> 정밀하면서
> 분석적인 성향이다.

논리가 분석되어야 느낌과 감정이 연결되는 유형으로 매우 논리적이지만 다양성에 대한 변화의 가능성에도 열려 있다. 아이디어가 많으면서도 자기만의 가치관이 확고해 돈키호테와 아인슈타인을 합친 동키슈타인이라고 불리기도 한다. 최근 〈나 혼자 산다〉 프로그램에 김대호 아나운서가 전형적인 INTP의 생활을 오픈해 대중의 높은 관심을 받았다. INTP는 말 그대로 독특하다. 취미나 가치관, 생활방식 등모두 평범하지 않다는 데 초점이 있다. 그러면서도 자연이나 우주에 대한 호기심이 있으며 관심이 높다.

💛 좋고 나쁜 성격은 없다. 이 설명은 해당 유형의 특징이며, 장단점을 의미하는 것이 아님을 참고하자!

⊚ **INTP 심리구조**

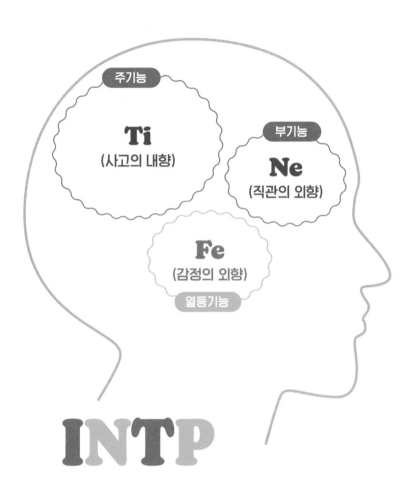

주기능

Ti
(사고의 내향)

부기능

Ne
(직관의 외향)

Fe
(감정의 외향)

열등기능

INTP

* **주기능**

INTP의 주기능은 T(사고)로 성향이 내향(i)이므로 사고의
방향은 내면으로 향한다. 사고가 내면으로 향한다는 것은
감정에 흔들리지 않고 평소 심사숙고하며 객관적인 분석을
잘한다는 의미이다.

* **부기능**

주기능이 사고(판단기능)이므로 부기능은 인식기능인 N이
되며 방향도 주기능의 반대인 e(외향)가 된다. Ne(외향적
직관)은 새로운 경험과 새로운 사람을 통해 새로운 직관을
느끼려는 것을 의미한다.

* **열등기능**

열등기능은 주기능의 정반대로 Fe(외향적 감정)이다. 일과
타인에 대한 감정이 내향으로 작용한다. 평소 보이지 않던
감정적이거나 과민한 반응을 보인다. 타인의 행동이나 일
에 대한 부정적인 해석이나 과민한 반응은 외향적 감정이
열등기능으로 작용한 영향이다.

주기능은 해당 유형이 가장 선호하고 활발하게 사용하는 기능이며, 부기
능은 주기능을 보조한다. 열등기능은 주기능의 반대인 무의식이다.

ⓥ INTP의 강약점

강점

INTP의 강점은 고도의 집중력이 필요하면서 논리적이고 분석적인 내용을 다루는 업무에 적합하다. 이는 객관적이며 지적 호기심이 높고 연구력이 탁월한 INTP의 성향 때문이다. 다양성에 대해 열려 있는 INFP는 다방면의 정밀하고 세밀한 정보에서부터 자연과 우주까지 광범위한 주제를 다루는 것을 좋아한다. 이들은 아이디어 뱅크로 정교하고 세밀한 작업을 좋아해서 보석세공사, 의류 디자이너와 같은 아이디어와 정교한 작업이 함께하는 직업도 좋다.

약점

아이디어 뱅크이지만 자신만의 세계가 확고해 아웃사이더의 경향이 있다. 아웃사이더의 성향에 객관적인 성향은 간혹 INTP의 인간미가 없어 보일 수 있어 주의가 필요하다. 이런 이유로 사람들과의 교감을 나누거나 공감이 필요한 직업은 적당하지 않을 수 있다. 또한 사람들과 함께하는 팀 프로젝트보다 혼자 진행하는 것을 추천한다. 어떠한 결정을 내릴 때 충분한 시간을 갖고 생각하기 때문에 다른 유형에 비해 실행력이 부족할 수 있다.

❤ **INTP**의 스트레스 상황

주기능의 과부하

스트레스 상황이 되면 평소에 강점이던 주기능에 과부하가 걸린다. 평소 감정에 휘둘리지 않고 논리적이고 객관적으로 분석하는 INTP 는 논리를 과도하게 사용하게 된다. 타인의 감정에 무감각해지며 객관성을 잃고 자기중심적으로 자기 논리만을 주장한다. 평소 신중하게 생각하는 INTP는 더 말이 없어지며 자신을 고립시킬 수 있어 주의가 필요하다. 스트레스 상황에서 주기능의 과부하가 느껴진다면 잠시 주기능 사용을 중단하는 것이 좋다.

열등기능의 표출

INTP의 열등기능은 감정이 외부로 향하는 Fe이다. 감정이 외부로 향한다는 의미는 자기와 타인에 대한 감정이 외부로 표현된다는 의미이다. 자주 사용하지 않는 열등기능은 주기능처럼 나에게 익숙하지 않다. 감정을 잘 사용하지 않는 INTP는 감정을 자연스럽게 다루기 힘들다. 타인의 행동이나 말에 대한 불만이 강렬한 감정이 폭주할 수 있다. 특히 주변 사람에게 보이는 신경질적인 감정표현은 대인관계에 영향을 미칠 수 있어 주의가 필요하다. 평소 조용한 INTP는 스트레스 상황에서 자신의 폭발적인 감정표현을 알아차릴 필요가 있다.

♥ **INTP의 스트레스 해소법**

INTP의 주기능인 사고(T)의 과부하가 발생하며, 열등기능인 감정(F)이 표출되는 상황을 벗어나기 위해 부기능인 직관(N)을 사용해야 한다. 과도한 비판과 민감한 감정을 멈추고 건강하게 사용할 수 있는 직관으로 방향을 전환함으로써 내면의 균형을 찾는 것이다.

외향적 직관(Ne)은 새로운 경험과 사람을 느끼며 새로운 아이디어를 창출하게 한다. 일차적으로 마음을 차분히 하고 새로운 장소나 사람을 만나며 자기중심적인 생각과 부정적인 감정을 잠재운다. 시간이 지나 마음이 조금 편안해졌다면 직면한 문제에 대해 새로운 시각으로 다양성을 바라보자!

여기에서 주의할 점은 새로운 다양성을 고려할 때 그 문제와 사람에 대한 비판과 감정은 배제해야 한다는 점이다. 비난하고 싶고, 부정적인 감정을 내려놓고 새로운 직관을 통한 다양성을 만끽하려고 노력해야 한다. 만약 이것이 어렵다면 다시 괜찮아질 때까지 그냥 새로운 경험을 즐기자. 그리고 마음이 가라앉은 후에 다시 시도하자!

> 스트레스 상황에서 벗어나기 위해서는 과부하 걸린 주기능과 표출된 열등기능을 내려놓고 자신에게 두 번째로 익숙한 부기능을 사용해야 한다.

에피소드

INTP는 졸업 후 자격증 시험 공부 중이다. 부모님 지원 아래 공부를
계속하려니 스트레스가 이만저만한 게 아니었다. 열심히 하는데도
점수가 오르지 않으니 스스로 동기부여가 되지 않았다. 지난번 시험
은 합격점수와 5점 이상 차이 났다. 이럴 때 논리적인 판단으로 그만
둬야 하지 않나 하고 생각했다. 한숨을 쉬며 도서관 벤치에 앉아있다.

> **INTP** 너도 여기로 왔어? 나는 맨날 똑같은 도서관에서 공부하니 더 안되
> 는 거 같아서 이리로 왔는데….
>
> **친구** 나도 그래서 왔어. 언제는 공부가 잘돼서 했냐? 그냥 하는 거지!
>
> **INTP** 지난번 시험점수가 낮아서 계속하는 게 맞나 생각하고 있었어. 객
> 관적으로 판단해서 그만둬야 하는 거 아닌가 싶어.
>
> **친구** 그건 객관적으로 판단할 게 아니지! 미래의 가능성을 어떻게 객관
> 화하니? 이번에 성적이 낮았던 거지. 그전에는 1점 차이였잖아.
> 시험계획을 새로운 아이디어로 짜봐. 그럼 똑같은 공부지만 좀 재
> 밌지 않겠어? 넌 아이디어 잘 내잖아.
>
> **INTP** 그런가? 긍정적으로? 난 걸으며 외우면 잘 외워지더라!
>
> **친구** 그래? 요점정리 본으로 외우면 되겠네! 좀 오래 걸어야겠어!

INTP는 의욕이 생겼다. 미래의 가능성이라면 누구보다 긍정적이
던 INTP였는데, 잠시 흔들린 것이 부끄럽게 느껴졌다.

💜 **INTP 열등기능의 성장**

스트레스 상황에서 외향적 감정(Fe)을 경험하고 난 이후, INTP는 주로 사용하던 논리적 사고 이외에 인간의 감정의 중요성을 인지하게 된다.

감정이 열등기능으로 작용했을 때의 감정적이거나 과민한 반응을 좀 더 건강하게 다룰 수 있게 된다. 예를 들면, 타인의 감정표현에 대해 진지하게 고민하고 수용하게 된다. 다른 사람의 평소 감정표현에 대해 조금이나마 유연하게 바라보는 시야를 가지게 된다.

열등기능의 성장은 평소 감정에 흔들리지 않고 논리적으로 판단하던 INTP에게 관계 형성의 중요성을 알려주고, 주변인의 감정을 챙기는 등 다양한 관점의 시각을 열어준다.

이처럼 주기능, 부기능, 3차기능, 열등기능의 관계는 변하지 않지만, 시간이 지나면서 네 가지 심리기능 사이에 더욱 유연하고 상호보완적인 변화와 통찰이 일어나게 된다. 좋은 일만 있는 것이 아닌 인생에서 우리는 이러한 스트레스 과정을 겪으며 또 한 걸음 성장하는 것이다.

> 열등기능의 표출로 다른 유형의 성향을 이해하는 계기가 되며 종종 스트레스 상황이 아니더라도 열등기능을 사용하는 성장을 하게 됩니다.

에피소드

오전에 말한 대로 정리 본을 가지고 걸으며 오후 공부를 마친 INTP
는 아침에 만난 친구가 떠올랐다. 우울한 기분으로 지난 1년 동안 해
오던 공부를 놓아야 하나 고민하고 있었는데, 마음을 잡아준 친구가
고마웠다. 집에 들어가기 전에 친구에게 전화했다.

> **INTP** 　아직 도서관이야?
>
> **친구** 　저녁 먹으려고 집에 가는 중이야. 어때? 오늘 공부는 괜찮았어?
>
> **INTP** 　응! 걷다가 지치면 앉아서도 하고, 이래저래 3~4시간 밖에서 했
> 어. 정말 답답할 때는 이것도 괜찮은 거 같아. 오늘 아침의 조언 고
> 마웠어.
>
> **친구** 　나도 하루에도 열두 번씩 때려치우고 싶은데 참잖아. 공부가 이렇
> 게 힘들다고…. 서로 위로하며 가야지! 생각보다 먼 길이잖아.
>
> **INTP** 　그래! 오늘 너무 많이 걸어서 내일은 도서관에서 공부하려고…. 도
> 서관에서 공부하는 게 참 편안한 거였더라고!
>
> **친구** 　하하하! 오늘 깨우친 게 하나 더 있었구나? 내일 보자!

INTP는 오후에 종일 걸으며 '지금이 힘든 것 같지만, 더 힘든 상
황도 있구나'하고 생각했다. 이제 불평하지 않고 공부에 다시 정진해
야겠다. INTP의 부정적인 감정에 공감해 준 친구가 고마웠다.

💟 **INTP를 위한 조언**

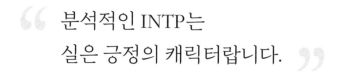

> 분석적인 INTP는
> 실은 긍정의 캐릭터랍니다.

분석적이고 논리적이며 과학에 대한 조예가 남다른 INTP의 부기능은 외향적 직관(Ne)입니다. 다양한 가능성을 살피고 틀을 깨는 것을 좋아하며, 새로운 변화를 위한 대책을 잘 세워요. 가장 큰 장점은 어떤 상황에서도 긍정적인 면을 잘 찾아낸다는 것이죠.

독특한 세계관과 넓은 관심사로 가끔 주위를 놀라게 하는 INTP! 긍정의 아이콘, INTP 부기능의 성장을 기대합니다.

INTP

나에게 쓰는
편지

❤️ INTP인 나에게 쓰는 편지

주기능인 Ti(내향적 사고)의 과함이 있었나요?

주기능

열등기능인 Fe(외향적 감정)는 표출되었나요?

열등기능

부기능인 Ne(외향적 직관)를 사용해 보셨나요?

Ne
부기능

최근 있었던 일을 되새기며 나의 마음을 3분 정도 가만히 들여다보고
적어봅니다. 지금의 내 마음을 잘 토닥여 줍니다.

MBTI 유형별
스트레스 해소법

3쇄 인쇄 2023년 12월 12일

지은이   윤서영
펴낸이   윤서영
펴낸곳   커리어북스
디자인   지완 디자이너
편집   김정연
인쇄   예림인쇄
출판등록   제 2016-000071호
주소   용인시 기흥구 강남로 9, 504-251호
전화   070-8116-8867
팩스   070-4850-8006
블로그   blog.naver.com/career_books
페이스북   www.facebook.com/career_books
인스타그램   www.instagram.com/career_books
이메일   career_books@naver.com

값 17,500원
ISBN 979-11-92160-20-7 (03180)